Sophia Firgau

Das emanzipatorische Potenzial der *Performance Art*

Sophia Firgau

DAS EMANZIPATORISCHE POTENZIAL DER *PERFORMANCE ART*

ibidem
Verlag

Bibliografische Information der Deutschen Nationalbibliothek
Die Deutsche Nationalbibliothek verzeichnet diese Publikation in der Deutschen Nationalbibliografie; detaillierte bibliografische Daten sind im Internet über http://dnb.d-nb.de abrufbar.

Bibliographic information published by the Deutsche Nationalbibliothek
Die Deutsche Nationalbibliothek lists this publication in the Deutsche Nationalbibliografie; detailed bibliographic data are available in the Internet at http://dnb.d-nb.de.

ISBN-13: 978-3-8382-1420-7

Printed in the EU

Inhaltsverzeichnis

1 Einleitung

> „Performance-Art besitzt in besonderem Maße die Fähigkeit zur Erzeugung von Irritationen und zum Hervorrufen von Eigensinnigkeiten. Sie setzt Denk- und Wahrnehmungsprozesse in Bewegung, welche über die Tiefenarbeit der ästhetischen Erfahrung und des körperlichen Erlebens Widersprüche, Lücken, Brüche, Unvereinbarkeiten, Sehnsüchte und Wünsche als Differenzen in unseren Weltbildern transparent machen." (Lange 2002:20)

Ausgehend von dieser These Marie-Luise Langes werde ich im Rahmen dieses Buches das emanzipatorische und somit politische und transformatorische Potenzial der Performance Art untersuchen. Dabei richtet sich der Blick sowohl auf die Selbstermächtigung der PerformerInnen als auch auf eine mögliche Emanzipation der ZuschauerInnen sowie auf das Verhältnis zwischen beiden. Performance Art ist in jeder Hinsicht eine grenzüberschreitende Kunst: Die Grenzen zwischen den Künsten, zwischen Akteurin[1] und Zuschauerin, Kunst und Alltag verschwimmen. Gleichzeitig werden Konzepte von Körperlichkeit und Räumlichkeit radikal in Frage gestellt, Konventionen und vermeintliche Tabus gebrochen. Die dadurch entstehenden Irritationen und Unsicherheiten lenken den Blick auf das „Dazwischen", auf die Zwischenräume und Schwellenerfahrungen. Wie wird dieses „Dazwischen" wahrgenommen? Kann eine ästhetische Erfahrung als Schwellenerfahrung erlebt werden, die eine Transformation herbeiführen kann (vgl. Fischer-Lichte 2004:305)? Und welches emanzipatorische Potenzial birgt dieser Transformationsprozess? Hat die Performance-Kunst das Potenzial, auf individueller und gesellschaftlicher Ebene Veränderung anzustoßen?

Ausgehend von diesen Überlegungen erläutere ich zunächst, welche Vorstellungen mit dem Thema der Emanzipation verbunden sind und streife dabei auch bildungstheoretische Fragestellungen, die jedoch aufgrund dieses großen Feldes im weiteren Verlauf der Arbeit nicht vertieft werden können. Zum Verständnis von Per-

1 Um gängige Gender-Klischees nicht zu unterstützen, werden männliche und weibliche grammatische Formen in diesem Buch uneinheitlich verwendet.

formance Art als performative Kunstform verschafft das darauffolgende Kapitel einen Überblick über das Thema der Performativität und zeigt auf, welches Potenzial sich mit einem performativen Blickwinkel auf Kunst, Kultur und Gesellschaft verknüpft. Anschließend skizziere ich die Entwicklung der Performance Art und beschreibe, in welchen historischen, gesellschaftlichen und künstlerischen Kontext ihre Entstehung eingebettet ist. Das Herzstück dieser Arbeit widmet sich den vielfältigen Grenzüberschreitungen im Kontext der Performance-Kunst und geht der Frage nach, welches emanzipatorische Potenzial mit diesen verbunden ist. Dabei werden auch spezifische emanzipatorische Dimensionen wie feministische Performance-Kunst, die Aneignung des öffentlichen Raumes und das damit verbundene politische Potenzial in den Blick genommen.

Performance Art dezidiert in Hinblick auf ihr emanzipatorisches Potenzial zu beleuchten, ist ein Blickwinkel, der sich in der Fachliteratur kaum wiederfindet. Deshalb beziehe ich mich in dieser Arbeit interdisziplinär auf verschiedene AutorInnen, insbesondere aus den Bereichen der Soziologie, Philosophie, Kunst- und Theaterwissenschaft und verknüpfe ihre Standpunkte untereinander sowie mit eigenen Überlegungen. In verstärkter Weise nehme ich dabei Rekurs auf die Theaterwissenschaftlerin Erika Fischer-Lichte, deren „Ästhetik des Performativen“ als viel beachtetes Standardwerk gilt. Die theoretischen Ausführungen werden stets mit Praxis-Beispielen aus dem weiten Feld der Performance Art illustriert, wobei ich einen besonderen Fokus auf die grenzüberschreitenden Performances von Marina Abramović lege. Die Einteilung in Kapitel unterliegt zwar thematischen Schwerpunkten, kann und soll allerdings gerade in der Auseinandersetzung mit einem so grenzüberschreitenden Phänomen wie der Performance Art nicht trennscharf sein, weshalb einzelne Aspekte in mehreren Kapiteln zur Sprache kommen, wo sie jeweils unter einem anderen Gesichtspunkt befragt werden und so eine Erweiterung erfahren.

Zum Abschluss erfolgt eine vertiefende Auseinandersetzung mit der Rezeption von Performance Art, wobei ein besonderes Augenmerk auf die Dimensionen von Wahrnehmung und ästhetischer Erfahrung gelegt wird. Auch wird das emanzipatorische Potenzial der Rezeption in Hinblick auf das Verhältnis von Zuschauen und Handeln sowie unterschiedliche Konzeptionen von „Zuschauerpartizipation" vertiefend untersucht. Performance Art zu erleben, ist oftmals mit irritierenden ästhetischen Erfahrungen verbunden:

> „Ihre Rezeption erfordert, in Räume des Eigensinnigen und Fremden, des Irritierenden und Un-Sinnigen einzudringen. Dadurch entstehen Fragen und mit den Fragen eine produktive Unruhe, durch welche vermieden wird, daß sich Ordnungen der Wahrnehmung und Kommunikation verfestigen." (Lange 2002:14)

In diesem Sinne hoffe ich, dass sich beim Lesen dieses Buches nicht nur Antworten ergeben, sondern auch Fragen entstehen: Ich wünsche eine produktive Unruhe!

2 Emanzipation

Emanzipation: Etymologie und aktuelle Bedeutung

Mit dem Begriff der Emanzipation sind vielfältige Vorstellungen von Mündigkeit, Unabhängigkeit, Selbstbestimmung, Selbstermächtigung und Gleichberechtigung verbunden, um hier nur einige zu nennen. Emanzipation bezieht sich dabei nicht lediglich auf marginalisierte Gruppen oder Individuen und beschränkt sich auch nicht auf die „Frauenemanzipation", für die die Bezeichnung im Alltagsgebrauch häufig als Synonym dient. Emanzipation sei darüber hinaus – so Maurice Schumann – auch keine „Methodik für marginalisierte Individuen oder Gruppen [...], die mit der Hilfe von gewissen Strategien und Maßnahmen ein Mehr[2] an Selbst-bestimmung [sic] und Autonomie gewinnen" (Schuhmann 2014:67) – sich aber möglicherweise weiterhin in hierarchischen Strukturen bewegen, die darüber entscheiden, wie viel „mehr" an Autonomie ihnen zugestanden wird. Emanzipation ist vielmehr ein „genereller Ansatz für Individuen, sich ihrer selbst als konkrete und vergängliche Individuen bewusst zu werden und aus sich selbst heraus die Legitimität für ihr Denken, Handeln und Tun zu schöpfen" (ebd.).[3] Wirkliche Emanzipation kann in diesem Sinne also nur von den Individuen selbst vollzogen werden, also gewissermaßen von innen heraus statt von außen.

„Emanzipation" leitet sich vom lateinischen Wort „emancipare" ab, was im römischen Recht für die Entlassung des Sohnes

2 An diesem Punkt scheiden sich die Geister: Zeigt sich „wahre" Emanzipation nur an einer grundlegenden Veränderung der gesellschaftlichen Verhältnisse oder ist auch ein „Mehr" an Autonomie bereits emanzipatorisch, wie es z. B. Jan Hoffs vorsichtige Formulierung nahelegt, nach der sich der „Emanzipationsbegriff [...] um den Kerngehalt einer möglichst zu erweiternden (kollektiv-gesellschaftlichen wie auch individuellen) *Autonomie* dreht" (Hoff 2016:14, Hervorh. i. O.)?

3 Maurice Schuhmann bezieht sich hier auf Max Stirners Konzept von „Selbstermächtigung" (Stirner selbst hat diesen Begriff nicht explizit gebraucht), das er in seinem 1844 erschienenen Hauptwerk „Der Einzige und sein Eigentum" entwickelt hat und das sich auf drei Grundpfeiler stützt: Selbsterkenntnis und bewusstwerdung, Selbstbefreiung und Selbstkonstituierung (vgl. Schuhmann 2014:67f.).

oder Sklaven aus dem „manicipium", also der Gewalt des Vaters oder Hausherrn stand (vgl. Hufer 2010:16). Im 17./18. Jahrhundert tauchte die Bezeichnung mit einer Bedeutungsverschiebung wieder auf (vgl. ebd.), die nun das aktive Element hervorhob:

> „Aus dem Akt der Gewährung von Selbstständigkeit wurde zunehmend die aktive Selbstbefreiung. Darüber hinaus wurde Emanzipation mit einer optimistischen anthropologischen Grundannahme belegt, nämlich mit der Fähigkeit eines jeden Individuums zur Kritik an bevormundenden, unterdrückenden Verhältnissen." (ebd.)

Diese elementare Grundannahme findet sich insbesondere in Immanuel Kants berühmtem Aufsatz „Was ist Aufklärung?" aus dem Jahr 1783, in dem er „den fundamentalen Grundsatz aller Emanzipation" (Hufer 2014:16) benennt:[4]

> „AUFKLÄRUNG ist der Ausgang des Menschen aus seiner selbstverschuldeten Unmündigkeit. Unmündigkeit ist das Unvermögen, sich seines Verstandes ohne Leitung eines anderen zu bedienen. [...] Sapere aude! Habe Mut, dich deines eigenen Verstandes zu bedienen! ist also der Wahlspruch der Aufklärung." (Kant 2004 [1783]:5, Hervorh. i. O.)

Damit wird ein Fokus auf „die selbstbewusst und selbstbestimmt handelnden Subjekte" (Hufer 2014:16) gelegt, womit Emanzipation in diesem Sinne (Selbst-)Aufklärung und (Selbst-)Befreiung bedeutet (vgl. ebd.). Diese Hervorhebung der individuellen Selbsttätigkeit findet sich auch in Frieder Otto Wolfs Formulierung wieder, nach der die Praxis der Befreiung „als Selbertun der sich Befreienden"[5] aufzufassen sei (vgl. Hoff 2016:349). Stand bei Kant im Sinne der Aufklärung der Einsatz des Verstandes im Vordergrund, ergibt sich mit der Betonung der Selbst*tätigkeit* eine Ergänzung in Bezug

---

4 Bei aller Bedeutsamkeit von Kants Schriften und seiner Rolle für die Aufklärung soll hier nicht unterschlagen werden, dass er Mündigkeit nicht allen Menschen zugestand, sondern mit Schriften wie „Von den verschiedenen Rassen der Menschen" (1775) erheblich zur Schaffung eines „wissenschaftlichen Rassismus" beitrug.

5 Diese Formulierung verweist auch auf den der Emanzipation und Selbstermächtigung inhärenten Prozesscharakter, wegen dem man eigentlich von einem „Sich-Selbst-Ermächtigen[...] des Individuums" (Schuhmann 2014:67) sprechen müsste (vgl. ebd.).

auf den Emanzipationsprozess: Dieser kann somit als ein ganzheitlicher Prozess aufgefasst werden, der sowohl die kognitive Ebene – also den mündigen Einsatz des eigenes Verstandes – fordert als auch die leibliche Ebene des selbstbestimmten Handelns. Gerade auch die Performance Art verknüpft in besonderem Maße kognitive, körperliche und emotionale Elemente zu einem ganzheitlichen Prozess. Nicht zuletzt deshalb soll in diesem Buch untersucht werden, ob und wie sich ein emanzipatorischer Prozess an dieser Schnittstelle entfalten kann.

Emanzipation beschränkt sich aber nicht auf die individuelle Ebene, sondern betrifft auch die kollektive Ebene der Gesellschaft, weshalb Rolf Schmiederer in Anlehnung an Kant „die Befreiung des Menschen aus gesellschaftlich begründeter Unmündigkeit und Abhängigkeit" (Schmiederer 1977:28,[6] zit. n. Hufer 2014:18) als Ziel emanzipatorischer politischer Bildung formuliert. Dass Emanzipation zum „obersten Lernziel" avancieren konnte, wie dies die Hessischen Entwürfe für die „Rahmenrichtlinien Gesellschaftslehre" 1972 formulierten[7] (vgl. Hufer 2014:19), ist dem Ende der 1960er Jahre einsetzenden Demokratisierungsprozess zu verdanken, der sich auf alle Bereiche der Gesellschaft auswirkte (vgl. ebd:13-24). Auch wenn sich unsere Gesellschaft seitdem radikal verändert hat, ist das Thema der Emanzipation nicht obsolet geworden:

> „[D]ie Stichworte der Gegenwart wie Globalisierung, Individualisierung, Steuerungsverlust von Politik etc. haben die alte Suche nach der Mündigkeit und Befreiung der Menschen nicht erledigt. Die Herrschaftsformen und Abhängigkeitsverhältnisse sind vielleicht nicht mehr unmittelbar und sofort erkennbar, aber sie existieren nach wie vor." (ebd.:21)

Emanzipation im Bildungskontext

Mittlerweile ist der Begriff der Emanzipation zwar innerhalb der Bildungsdebatte nicht mehr so häufig zu finden, in den stattdessen

6 Schmiederer, Rolf (1977): Zur Kritik der Politischen Bildung. 6. Aufl., Frankfurt a. M./Köln

7 Diese Rahmenrichtlinienentwürfe lösten eine heftige kontroverse Debatte aus und wurden von der CDU damals beispielsweise „als Entwürfe zum Missbrauch der Schule für den Klassenkampf und seine Erziehung zur Intoleranz" bewertet (Sander, Wolfgang [2003]: Politik in der Schule. Kleine Geschichte der politischen Bildung. Marburg, S. 140, zit. n. Hufer 2014:13).

formulierten Kompetenzen geht es im Kern aber genau darum: So sollen SchülerInnen beispielsweise im Lernbereich Gesellschaftslehre[8] dazu befähigt werden, „eigene und fremde sowie vergangene und gegenwärtige Standorte und Gegebenheiten zu reflektieren sowie selbstbestimmt und zugleich gemeinschaftsbezogen an der Entwicklung und Gestaltung dieser Lebenswirklichkeit mitzuarbeiten" (Ministerium für Schule und Weiterbildung des Landes Nordrhein-Westfalen 2007:12). Diese Kompetenzen sollen den „Aufbau eines *Orientierungs-*, *Kultur-* und *Weltwissens*" und die „Entwicklung der eigenen *Persönlichkeit* und damit einer eigenen *Identität*" unterstützen und darüber hinaus die „*Wahrnehmung eigener Lebenschancen*" sowie die „*mündige* und *verantwortungsbewusste Teilhabe* am gesellschaftlichen Leben sowie an demokratischen Willensbildungs- und Entscheidungsprozessen" fördern (ebd., Hervorh. i. O. fett, hier kursiv). Auch wenn der Begriff der Emanzipation in diesem Zusammenhang nicht explizit genannt wird, geht es hier um grundlegend emanzipatorische Kompetenzen, die das selbstbestimmte Handeln des Subjekts in den Vordergrund stellen – sowohl während des Lernprozesses als auch darüber hinaus. Bildung wird somit nicht auf eine kognitive Dimension reduziert, sondern als ganzheitlicher und emanzipatorischer Prozess in den Blick genommen.

Allerdings darf in diesem Zusammenhang nicht übersehen werden, dass gerade der schulische Kontext meist stark von hierarchischen Strukturen und Bewertungsmechanismen wie dem Notensystem geprägt ist. Daher muss an dieser Stelle hinterfragt werden, ob das emanzipatorische Versprechen, das sich an den Kompetenzerwerb knüpft, in der Praxis wirklich realisiert werden kann. Auch schließt sich hier mit dem „Dilemma der Emanzipation" eine grundlegende Problematik an:

> „Wie aber soll man dies: dass Menschen sich selbst als Mündige hervorbringen – wie soll man das machen? Soll man, kann man Mündigkeit üben? Soll

8 Unter dem Lernbereich Gesellschaftslehre werden für die Sekundarstufe I am Gymnasium in Nordrhein-Westfalen die Fächer Erdkunde, Geschichte und Politik/Wirtschaft zusammengefasst (vgl. Ministerium für Schule und Weiterbildung des Landes Nordrhein-Westfalen 2007:12).

man sie zwingen, frei zu werden? Noch anders: Kann man Bildung hervorrufen?" (Bilstein 2015:35)

Da sich schon der Emanzipationsbegriff selbst sowohl auf die individuelle als auch auf die gesellschaftliche Ebene bezieht, lohnt es sich, zu überlegen, ob sich diese Verbindung auch auf ein emanzipatorisches Verständnis von Bildung übertragen lässt: Einen Vorschlag dazu machte bereits Wilhelm von Humboldt, der in seiner „Theorie der Bildung des Menschen" beide Aspekte zusammen denkt: So versteht er Bildung als „Verknüpfung unseres Ichs mit der Welt zu der allgemeinsten, regesten und freiesten Wechselwirkung" (Humboldt 1960[1793/94]:235f.). Somit kann es bei Bildung also weder *nur* um „Selbstbildung" gehen als auch genauso wenig *nur* um „Bildung von außen". Bildung und Emanzipation gestalten sich also stets in einer Wechselbeziehung der einzelnen Individuen mit der Welt:

> „Wir sind Werk unserer selbst, aber doch auch Werk der Welt um uns herum. Und wir wissen alle: wir brauchen die anderen - und sei es, um denen im Gestus der Selbstermächtigung entgegenzutreten. Wo kein anderes, da ist auch kein Selbst - und da gibt es dann auch keine Selbstermächtigung." (Bilstein 2015:49)

Damit Bildung „frei" ist und somit emanzipationsfördernd, braucht es also beides; Impulse von außen - seien es Inspirationen oder Irritationen (die häufig auch inspirierend sein können) - ebenso wie eigene Impulse des Individuums. Bildung kann sich im Humboldtschen Sinne also nur als „freieste Wechselwirkung" zwischen Ich und Welt vollziehen, wenn der Bildungsprozess auf Augenhöhe stattfindet und Impulse *aller* Beteiligten zulässt - was leider in institutionalisierten Bildungseinrichtungen wie der Schule häufig nicht der Fall ist.[9] Hieraus ergibt sich ein emanzipatorisches Potenzial gerade für außerschulische Bildungsangebote, die die Möglichkeit haben, wirklich prozessorientiert zu arbeiten und die Handelnden mit ihren Interessen und Fähigkeiten ganzheitlich in

9 Ausgehend von Bilsteins Überlegungen können aber auch in solchen hierarchischen Kontexten Gelegenheiten für emanzipatorische Prozesse gesehen werden: Gerade in der Reibung mit und Infragestellung von gesetzten Konventionen können sich Selbstermächtigung und Emanzipation äußern.

den Blick zu nehmen. Gerade die Kulturpädagogik besitzt in dieser Hinsicht ein enormes emanzipatorisches und ganzheitliches Potenzial, da sie durch künstlerische Gruppenprozesse neben der kognitiven Ebene auch leibliche und kreative Erfahrungen ermöglicht. Damit werden insbesondere performative Elemente als konstitutiv für Bildung angesehen, was es kulturpädagogischer Arbeit u. a. ermöglicht, gerade auch Menschen anzusprechen, die aus den Rastern des üblichen Bildungsansatzes herausfallen.

Emanzipation als (anti-institutioneller) Akt der Selbstermächtigung

Die Aktualität der Emanzipationsthematik zeigt sich aber insbesondere auch jenseits des (institutionalisierten) Bildungskontextes nicht zuletzt - so Jan Hoff - im Erstarken sozialer Bewegungen seit der Weltfinanz- und Weltwirtschaftskrise 2007 (vgl. Hoff 2016:11). Wolf-Andreas Liebert und Werner Moskopp gehen sogar so weit, „[u]nsere gegenwärtige Kultur [...] als eine Kultur der Selbstermächtigung" (Liebert/Moskopp 2014:7) zu verstehen: „Der Begriff 'Selbstermächtigung' hat sich in jüngster Zeit zu einem Deutungsbegriff für eine sich ausbreitende normativ-politische (Protest-)Einstellung in 'spätmodernen' Gesellschaften entwickelt" (Albrecht u. a. 2012). Selbstermächtigung ist hierbei nicht auf bestimmte gesellschaftliche Bereiche oder politische Richtungen festgelegt, sondern vielmehr „eine gesellschaftliche Mentalität, die quer zu den bekannten Trennlinien nachweisbar ist: Sie findet sich bei rechten Gruppierungen wie bei linken. Im Gesundheitsbereich ebenso wie im Bereich der Wissenschaft oder der Religion" (Liebert/Westphal 2015:9).[10] Kennzeichnend ist meist eine Skepsis gegenüber etablierten Institutionen:

10 Hiermit wird gleichzeitig die Gefahr des Konzeptes der Selbstermächtigung deutlich: Im Extremfall kann sich „Selbstermächtigung" - ursprünglich als emanzipatorische Befreiung von gesellschaftlichen Konventionen gedacht - in einen zerstörerischen „Allmachtsanspruch" verwandeln, der - ohne Rücksicht auf Verluste - nur noch die egozentrische Ermächtigung des Selbst im Blick hat. Als Paradebeispiel eines solchen Extrems der „zerstörerischen Selbstermächtigung" kann das Selbstmordattentat angesehen werden. Deshalb kann m. E. Selbstermächtigung nur dann emanzipatorisch sein, wenn sie einer emanzipatorischen Selbstermächtigung und Selbstentfaltung der Anderen nicht im Wege

„[Der] Begriff der Selbstermächtigung [...] umreißt eine generelle Unzufriedenheit mit den institutionellen Rahmenbedingungen, den damit verbundenen Machthierarchien und der daraus resultierenden 'Entmündigung' des 'normalen Bürgers' und fordert – selbstbewusst und offensiv – dazu auf, sein Schicksal in die eigene Hand zu nehmen, seine individuellen Ansprüche nicht nur zu formulieren, sondern auch – aktiv – durch 'Selbsttätigkeit' umzusetzen –, auch wenn dies bedeutet, gegen die eingespielten Regeln und etablierten Strukturen der institutionellen Ordnungen zu verstoßen. Noch mehr: Selbstermächtigung heißt zunehmend, die vorgegebenen Institutionen und damit die institutionelle Ordnung 'spätmoderner' Gesellschaften bewusst in Frage zu stellen und in letzter Konsequenz durch neue Formen der 'freien' Selbstorganisation zu überwinden." (Albrecht u. a. 2012)

Deutlich wird hier, dass Emanzipation als Akt der Selbstermächtigung immer auch mit einer Grenzüberschreitung im Sinne einer Infragestellung von gesellschaftlichen und institutionellen Konventionen verbunden ist. Emanzipation bzw. Selbstermächtigung zeichnet sich meist also durch einen gewissen „antiinstitutio nelle[n][...] Affekt" (Liebert 2015:16) bzw. eine Hinterfragung und Befreiung von Konventionen aus, wobei – mit Jacques Rancière gesprochen – deshalb nicht alle Institutionen gleich als „polizeilich", d. h. emanzipationsfeindlich gelten müssen (vgl. Kastner/Sonderegger 2014:29f.).

Emanzipation als Erschaffung von „etwas Neuem"

Emanzipation beschränkt sich dabei aber nicht auf diese „Befreiung von etwas" als Negation („negative Freiheit"), sondern ist mit einem Transformationsprozess verbunden, der zur Erschaffung von „etwas Neuem" („positive Freiheit", wie die hier angesprochenen „neuen Formen der 'freien' Selbstorganisation") führen kann – deshalb muss an dieser Stelle Ernesto Laclaus Auffassung weitergedacht werden, nach der Emanzipation „kein Akt der *Erschaffung*, sondern vielmehr einer der Befreiung von etwas, das dem befreienden Akt vorangeht" (Laclau 2002:23, Hervorh. i. O.) sei. Sicherlich

---

steht; wenn sie also emanzipatorische Ziele der Demokratisierung und Gleichberechtigung vertritt. Gleichzeitig beinhalten Emanzipation und Selbstermächtigung aber nie eine demokratische Garantie, sondern sind eher als eine Voraussetzung zur Schaffung von (vielfältigen) Möglichkeiten anzusehen; es handelt sich letztendlich also um einen wirklich offenen Prozess.

ist der Akt der Befreiung – der auch der ursprünglichen Definition von Emanzipation zugrunde liegt – konstitutiv, dabei sollte aber das Transformationspotenzial, das für den Prozess der Emanzipation wesentlich ist, nicht übersehen werden. Es mag sein, dass das Ziel dieser Transformation, das „Neue", das erschaffen wird, noch nicht feststeht, aber gerade dieser Zwischenzustand kann als „Möglichkeitsraum" erkannt werden, in dem der emanzipatorische Prozess reflektiert werden kann. Hier können Vorstellungen und Visionen entstehen, die sowohl die individuelle Ebene („Wie möchte ich sein?") als auch die gesellschaftliche Ebene („Wie sollte die Gesellschaft sein?") betreffen sowie die Wechselbeziehung zwischen beiden („Wie sollte die Gesellschaft sein, damit ich innerhalb dieser so sein kann, wie ich möchte?"). Die Ergebnisoffenheit dieses Prozesses ist dabei m. E. ein wichtiges Merkmal für einen wirklich emanzipatorischen Prozess. Liebert benutzt für diese Uneindeutigkeit die Formulierung einer „Vagheit in Bezug auf utopische Entwürfe" (Liebert 2015:16) bzw. einer „(vage[n]) Vorstellung von einer neuen, 'besseren' Gesellschaft" (ebd.). Er beschreibt diese Vagheit bzw. Skepsis gegenüber utopischen Entwürfen als gängige Mentalität und sieht darin auch einen Unterschied zwischen modernen und postmodernen Performances:

> „Die sozialen Plastiken von Joseph Beuys und die Arbeiten von Christoph Schlingensief besitzen auf der performativen Ebene große Ähnlichkeiten; bei Beuys war Kunst jedoch mit einer bestimmten Utopie verbunden, die sich bei ihm auch (aber nicht nur) parteipolitisch manifestiert hat. Bei Christoph Schlingensief und anderen Performancekünstlern [...] gibt es eine vergleichbare Utopie nicht, auch wenn diese Arbeiten durchaus politische Momente besitzen und teilweise auch in aktuelle politische Prozesse eingreifen, allerdings ohne selbst dabei eine eigene Utopie einzuspeisen. [...] Neue politische Utopien werden zwar nicht mehr ausformuliert, Performances stören oder zerstören aber Gewissheiten und 'fixe Ideen', die als Konsens auftreten." (ebd.:16f.)

Diese Ausführungen Lieberts lassen sich in einen direkten Bezug mit Rancières Auffassung von politischer Kunst setzen (vgl. Kap. 7): Postmoderne Performances zielen demnach nicht auf eine Darstellung bestimmter (politischer) Utopien ab, sondern sind dadurch politisch, dass sie auf performativer Ebene „Gewissheiten zerstören", also durch ihre ästhetische Struktur Konventionen in Frage stellen und widersprüchliche Erfahrungen ermöglichen. Trotz dieser Tendenz lassen sich innerhalb des Performance-Bereiches auch heute noch Utopien finden: Zu denken ist hier insbesondere an soziale (Protest-)Bewegungen, die ihre (utopischen) Vorstellungen teilweise sehr konkret äußern (z. B. „Bedingungsloses Grundeinkommen für alle", „Welt ohne Atomwaffen", „Abschaffung des Militärs" etc.). Zwar könnte man dem entgegenhalten, dass diese Bewegungen nicht im engen Sinn zum Bereich der (künstlerischen) Performance gerechnet werden können - sondern eher zu dem des politischen Aktivismus -, jedoch bedienen sie sich mittlerweile mit solcher Selbstverständlichkeit ästhetischer Mittel und künstlerischer Interventionsstrategien, dass solch eine Unterscheidung oft kaum noch möglich ist (vgl. Kap. 5.2 und 5.5).

Wie könnte also eine solche (utopische) Gesellschaft aussehen? Hoff führt die Vorstellung einer „befreiten Gesellschaft" an (vgl. Hoff 2016:347), also einer auf kollektiver Ebene vollzogenen Emanzipation, die aber nur dann entstehen könne, „wenn das Alltagsleben der Individuen durch eine möglichst weitreichende Selbstentfaltung geprägt ist" (ebd.).[11] Ein gesellschaftlicher Emanzipationsprozess kann dabei „nur kollektiv, d. h. durch Vereinigungen von gemeinsam handelnden Individuen, und nur in Gestalt sozialer Auseinandersetzungen durchgesetzt werden" (ebd.:348f.), also im Rahmen eines „kollektiven Prozesses des 'Selbertuns'" (ebd.:349). Die individuelle und kollektive Ebene von Emanzipation sind also untrennbar miteinander verknüpft. Hieraus folgt die wichtige Frage, wodurch ein solcher individueller wie kollektiver Emanzipationsprozess angestoßen werden kann. Wie können wirksame Impulse gesetzt werden? Welches emanzipatorische Potenzial kann in diesem Sinne die Performance Art entfalten?

11 Wesentlich für die Ermöglichung dieser Selbstentfaltung sei „frei verfügbare[...] Zeit außerhalb des Arbeitsprozesses" (Hoff 2016:345), die Marx als „wahres Reich der Freiheit" bezeichnete und Hoff in Anlehnung an ihn als „Sphäre der Autonomie des Individuums, als Sphäre von dessen voller und freier Selbstentfaltung, der selbstzweckhaften kreativen Tätigkeit von Körper und Geist" (ebd.).

3 Performativität

Für die Beschäftigung mit Performance Art als performativer Kunstform ist es unabdinglich, sich mit dem Begriff des Performativen auseinanderzusetzen. Denn Performance Art als extrem heterogene Kunstform lässt sich nur schwer auf einen gemeinsamen Nenner bringen. Doch das Gemeinsame dieser Kunst liegt gerade in ihrer höchsten Ausprägung von Performativität, weshalb eine theoretische Beschäftigung mit dem Performativen für das Verstehen des Besonderen von Performance Art sehr aufschlussreich ist.

Performativität: Entwicklung und Verbreitung des Begriffes

Ausgehend von der Sprachphilosophie breitete sich der Begriff des Performativen „rhizomatisch“ (Hempfer 2011:38) auf verschiedene Felder der Kultur- und Geisteswissenschaften aus, wo er jeweils als *Performativität*, *Performanz* oder *Performance* teils synonym, teils aber auch mit sehr divergierenden Bedeutungszuschreibungen aufgegriffen wurde (vgl. ebd.:15). Als gemeinsamer Bezugspunkt rückte die Prozesshaftigkeit kultureller Phänomene in den Fokus, welcher eine grundsätzliche Umorientierung der Kultur- und Geisteswissenschaften nach sich zog, die im Begriff des *performative turn* benannt wurde (vgl. ebd.:7). Wie kam es dazu?

Geprägt wurde der Begriff „performative“ von John Langshaw Austin im Rahmen seiner posthum veröffentlichten Vorlesungen „How to do things with words“, die er 1955 an der Harvard University hielt (vgl. Fischer-Lichte 2004:31 und König 2011:45). Als Neologismus leitete er den Ausdruck vom Verb „to perform“ („vollziehen“) ab. In den Vorlesungen formulierte er seine Entdeckung, dass sprachliche Äußerungen nicht nur dem deskriptiven Zweck der Beschreibung von Wirklichkeit dienen, sondern dass mit ihnen auch Handlungen vollzogen werden können, sie also auf diese Weise Wirklichkeit hervorbringen (vgl. Fischer-Lichte 2004:31f.). Somit verschob er die die Sprachphilosophie lange Zeit beschäftigende Frage nach der Wahrheit von Aussagen auf die Frage nach der Wirkungsweise von Sprache (vgl. Wulf/Zirfas

2007:12). Als performativ werden nach Austin jene Art von sprachlichen Äußerungen angesehen, „die das, was sie besagen, zugleich vollziehen" und somit „die Wirklichkeit entsprechend den geäußerten Worten veränder[n]" (König 2011:46). Gemeint sind damit sprachlich vollzogene Handlungen wie Taufe, Eheschließung, Gratulation und Versprechen. Diese Handlungen sind somit selbstreferentiell, da sie das bedeuten, was sie vollziehen (vgl. Fischer-Lichte 2004:32).

Erst in den neunziger Jahren entdeckten die Kulturwissenschaften den Begriff des Performativen als Forschungsperspektive (vgl. ebd.:36). Wurde Kultur - ganze Kulturen ebenso wie einzelne kulturelle Phänomene - bislang „als Text" verstanden (vgl. ebd.), also als „ein strukturierter Zusammenhang von Zeichen [...], denen bestimmte Bedeutungen zuzuschreiben sind" (ebd.), gewann nun die Vorstellung von „Kultur als Performance" an Bedeutung,[12] womit die zuvor weitgehend übersehenen performativen - und damit auch körperlichen - Dimensionen von Kultur in den Fokus genommen wurden (vgl. ebd.) und somit „die Körperlichkeit der Handelnden sowie der Ereignis- und inszenatorische Charakter ihrer Handlungen größere Aufmerksamkeit" (Wulf u. a. 2001:9) fanden.[13]

Die performative Macht des Diskurses

Entscheidend zu dieser Entwicklung beigetragen hat Judith Butler, die „den Begriff der Performativität [innerhalb der Genderdiskussion] als rituelle Zitierung des Geschlechts einführt" (Wulf/Zirfas 2007:12) und den Begriff somit von einzelnen Sprechakten auf Diskurse und von sprachlichem auf körperliches Handeln ausweitet

12 Dies bedeutet nicht, dass die neue Erklärungsmetapher „Kultur als Performance" die der „Kultur als Text" vollständig ablöste, sondern dass beide in ein neues Spannungsverhältnis zueinander traten (vgl. Fischer-Lichte 1998:25).

13 Damit wird „menschliches Handeln als aufführendes kulturelles Handeln, als *cultural performance,* begriffen" (Wulf u. a. 2001:9, Hervorh. i. O.). Insbesondere - aber nicht nur - ist dieser performative Charakter in „cultural performances" (Milton Singer) wie Festen, Zeremonien, Ritualen und Wettkämpfen augenscheinlich, die gerade durch diese Performativität konstituierend für Kulturen sind und durch die „die Mitglieder einer Gemeinschaft ihr Selbstverständnis formen" (Lange 2002:22).

(vgl. König 2011:48f.). Im Fokus steht bei ihr die durch Performativität konstruierte (Geschlechts-)Identität („gender" im Gegensatz zum biologischen „sex"), die „nicht ontologisch vorgegeben, sondern Ergebnis kultureller Praxis" (ebd.:49) sei: Die mit der Identitätskonstitution verbundenen Bezeichnungen und Kategorisierungen werden im Diskurs performativ hervorgebracht und verstärken sich durch ihre stetige Wiederholung, können aber gleichermaßen durch Variationen der sprachlichen und diskursiven Praxis verändert werden (vgl. ebd.):[14] Somit kann Sprache nicht nur wirklichkeitskonstituierend, sondern auch wirklichkeitsverändernd wirken (vgl. ebd.). Gerade die subversive Resignifikation von Begriffen und Diskursen ist dabei auf diese Wiederholung angewiesen: „Die in dominanten Diskursen konventionalisierten Unterscheidungen und Bewertungen können [...] nur durch Wiederholung, durch Iteration gegenläufiger Handlungen verändert werden" (ebd.:50).

An diesen Aspekt der performativen Diskursmacht schließen sich weitreichende Emanzipationsdebatten an: So legt beispielsweise Jaques Rancière sein Hauptaugenmerk auf „exzeptionelle Bildungs- als Selbstermächtigungsgeschichten [von „Unterprevilegierten"]" (Kastner/Sonderegger 2014:16), um so eine performative Ermächtigung zu vollziehen, d. h. den Glauben daran zu praktizieren, „dass Menschen gleich werden können, wenn man sie gleich behandelt" (ebd.). Diese Auffassung verwandelt er in ein umfassendes Axiom einer politisch-emanzipatorischen „Präsupposition

14 „Identität – als körperliche und soziale Wirklichkeit – wird also stets durch performative Akte konstituiert" (Fischer-Lichte 2004:37). Butler bezeichnet den Prozess der performativen Erzeugung von Identität als „embodiment", als einen Prozess der Verkörperung (vgl. Fischer-Lichte 2004:38): „Durch die stilisierte Wiederholung performativer Akte werden bestimmte historisch-kulturelle Möglichkeiten verkörpert und auf diese Weise sowohl der Körper als historisch-kulturell markierter wie auch Identität allererst erzeugt. Die Bedingungen, unter denen der Prozeß der Verkörperung jeweils vollzogen wird, sind nun weder ausschließlich in die Macht und Verfügungsgewalt des Individuums gestellt – es kann nicht völlig frei wählen, welche Möglichkeiten es verkörpern, welche Identität es annehmen will –, noch sind sie komplett von der Gesellschaft determiniert – die Gesellschaft kann zwar versuchen, die Verkörperung bestimmter Möglichkeiten durchzusetzen, indem sie Abweichungen mit Sanktionen bestraft, sie vermag sie jedoch nicht generell zu verhindern" (ebd.).

der Gleichheit", nach dem „grundsätzlich [...] von der prinzipiellen Gleichheit aller Beliebigen auszugehen und, nicht weniger wichtig, diese zu bezeugen und zu bestärken" (ebd.:16f.) sei – um sie so also letztendlich nicht nur zu *bezeugen*, sondern auch zu *erzeugen*. Mit diesem Fokus auf die Gleichheit unterscheidet sich Rancière z. B. von Pierre Bourdieu, der seinen Schwerpunkt auf die Analyse von Bildungs- und Vermittlungsinstitutionen und ihren Beitrag zur (Reproduktion von) Ungleichheit legt (vgl. ebd.:17).

Insbesondere in Hinblick auf Widerstandsrituale und die Frage nach dem emanzipatorischen Potenzial der Performance Art ist Butlers Feststellung interessant, „dass die Unmöglichkeit der vollständigen Kontextuierung Freiheitsspielräume einer subversiven performativen Resignifikation eröffnet" (Wulf/Zirfas 2007:15): Die performative Macht des Diskurses besteht also darin, durch diskursive Wiederholungen Wirklichkeit zu konstituieren und damit dominante Lesarten zu etablieren, diese jedoch durch die Wiederholung gegenläufiger Handlungen auch verändern zu können. Performativität kann also sowohl konservierend als auch transformierend wirken.

Im Blick auf die Performance Art wird zu untersuchen sein, inwiefern sich die Kraft der Wiederholung zur Veränderung von Wirklichkeit auch auf körperliche, non-verbale Akte übertragen lässt. Kann durch die Wiederholung von performativen selbstermächtigenden Handlungen – nicht nur im künstlerischen Feld – ein Prozess der Emanzipation in Gang gesetzt werden? Als Beispiel lässt sich hier an die afro-amerikanische Bürgerrechtlerin Rosa Parks denken, die sich 1955 weigerte, ihren Sitzplatz im Bus für einen weißen Passagier freizugeben und deshalb verhaftet wurde. In der Folge löste sie damit den Busboykott von Montgomery aus, der mit als Anfang der schwarzen Bürgerrechtsbewegung angesehen werden kann. Ein Boykott ist per se ein Ereignis, bei dem viele Menschen die gleiche Handlung ausführen bzw. unterlassen – durch Iteration wird hier also Wirklichkeit verändert. Vorstellbar wäre auch gewesen, den subversiven performativen Akt (die Weigerung, den Sitzplatz freizugeben) durch massenhaften zivilen Ungehorsam zu wiederholen und somit anzustreben, ihn zur „Normalität" werden zu lassen.

Zentrale Merkmale von Performativität

Butler sieht also ebenso wie Austin die Konstitution von Wirklichkeit als zentrale Eigenschaft des Performativen an. Diese Begriffsannäherung ist jedoch sehr weitläufig und so merkt Richard Schechner auch an, dass alles als Performance analysiert werden könnte: „Any behaviour, event, action or thing can be studied 'as' performance, can be analysed in terms of doing, behaving and showing“ (Schechner 2002:32[15], zit. n. Haas 2005:13). Diese Möglichkeit der sehr weiten Auffassung des Performativitäts-Begriffes wird der Grund dafür gewesen sein, warum er in so vielen Disziplinen adaptiert worden ist. Dadurch ermöglichte er einen entscheidenden Perspektivwechsel in der Analyse kultureller Phänomene, in Folge dessen Gesellschaft und Kultur insgesamt als Ergebnis performativer, sich wiederholender Handlungen begriffen werden können (vgl. Wulf u. a. 2001:13). Jedoch birgt sein stark verbreiteter Gebrauch auch die Gefahr der Aufweichung des Begriffes in sich:

> „Die Fruchtbarkeit des Konzepts scheint nun gerade darauf zu beruhen, dass es durch seine rhizomatische Struktur eine ungewöhnliche Vielfalt von Anschlussmöglichkeiten bot, die die Theoriebildung in einer Mehrzahl von Disziplinen wesentlich befördert hat, auch wenn es z. T. zu 'Überdehnungen' kam, die die Distinktivität des Konzepts und damit dessen deskriptive Leistungsfähigkeit einschränkten.“ (Hempfer 2011:38)

So werden die Terme *Performativität, Performanz, Performance* und *performativ* heute in vielen wissenschaftlichen und alltäglichen Feldern wie der Sprachwissenschaft, Kulturwissenschaft, Ethnologie, Genderforschung, Theaterwissenschaft, Kunstwissenschaft, dem Bankwesen und der Medienwelt verwendet (vgl. Lange 2002:22f.). Auch wird der Alltag allgemein unter performativen, inszenatorischen und ästhetischen Aspekten betrachtet. All diese Verwendungsweisen implizieren verschiedene Bedeutungen. Im Begriff des Performativen werden die unterschiedlichen Begriffe zusammengeführt:

15 Schechner, Richard (2002): Performance Studies. London: Routledge

> „Wer heute vom Performativen spricht, ist Teil eines sich in Sozialwissenschaften zur Zeit etablierenden Diskurses, der die aus der Sprachwissenschaft stammenden Begriffe 'performativ' und 'Performanz', den kunst- und theaterwissenschaftlichen Begriff 'performance' und den zunächst in der Genderforschung verwendeten Begriff der Performativität zusammenführt." (Wulf/Zirfas 2007:10)

Trotz aller Unterschiedlichkeit im spezifischen Gebrauch des „Performativen", können Gemeinsamkeiten der Konzepte festgestellt werden. So konstatiert Lange (2002:23f., Hervorh. i. O.)

> „eine Übereinstimmung in folgenden Eigenschaften innerhalb zweier unterschiedlicher Deutungspole [...]: *Performance* bezieht sich auf das Flüchtige, schwer Feststellbare, Fließende, sich in Veränderung Befindende, das sich in Prozessen, Vorgängen und Ereignissen äußert. In ihnen erfolgen Überlagerungen verschieden deutlich wahrnehmbarer und zu quantifizierender Handlungs-, Zeichen- und Sprachebenen."

Lange stellt hier den Ereignis- und Prozesscharakter[16] als zentrale Eigenschaft des Performativen heraus, ein Aspekt, den auch andere AutorInnen disziplinübergreifend immer wieder betonen: So sprechen Klaus W. Hempfer und Jörg Volbers (2011:7) neben der „Grundidee einer 'performativen' Konstitution von Wirklichkeit" von der „irreduzible[n] Prozesshaftigkeit kultureller Phänomene", die als gemeinsamer Bezugspunkt der unterschiedlichen Theoriebildungen in den Fokus gerückt sei.[17] Und Christoph Wulf und Jörg Zirfas (2007:10) stellen fest:

---

16 Ekkehard König (2011:45) verweist zwar auf die Gegensätzlichkeit von Prozessen und Ereignissen: „Ereignisse haben klare zeitliche Konturen und enthalten eine Zustandsänderung, während dies für Prozesse nicht gilt. Daher können das Prozesshafte und das Ereignishafte nicht zugleich zu den zentralen Eigenschaften des Performativen gerechnet werden." Dies rechtfertigt m. E. aber nicht die Verweigerung des Anspruches, sowohl das Prozesshafte als auch das Ereignishafte als zentrale Charakteristika des Performativen anzusehen: Zum einen muss hinterfragt werden, ob nicht auch oder gerade Prozesse eine Zustandsänderung enthalten – wie dies auch Lange im vorangegangenen Zitat betont – und zum anderen kann sich der Blickwinkel des Performativen m. E. sowohl auf ein Ereignis mit zeitlich begrenzter Dauer beziehen als auch den Verlauf dieses Ereignisses fokussieren, welcher den Prozess darstellt.

17 Vgl. hierzu auch Wulf und Zirfas (2007:16), die zusammenfassend festhalten: „Spricht man von Performativität [...], so betont man damit zunächst die praktische, soziale und kulturelle Ordnung von Phänomenen, ihren Zusammenhang, ihre Entwicklung, ihre Synthesen und Differenzen, ihre aktiven und passiven Momente, kurz ihre Prozesse, Modalitäten, Logiken und Funktionen. Die

> „Gemeinsam ist diesen Begriffen ['performativ', 'Performanz', performance', 'Performativität'], dass sie sich weniger um Tiefer- bzw. Dahinterliegendes als um das phänomenale Geschehen, weniger um die Struktur und die Funktionen als um den Prozess, weniger um Text oder Symbol als eben um die Herstellung von Wirklichkeit bemühen."

In der hier erläuterten Verschiebung findet sich auch die von Lange angesprochene Überlagerung der verschiedenen Ebenen wieder. Auf einen Punkt gebracht, geht es in dieser Verschiebung also um eine Verschiebung von der Zeichenhaftigkeit hin zur Materialhaftigkeit von (kulturellen) Prozessen (vgl. Fischer-Lichte 2004):

> „In performativen Konstellationen wird die Fokussierung auf die Zeichenprozesse abgelöst durch die Fokussierung auf die konkrete Materialität von räumlichen, zeitlichen Bedingungen und Gegenständen, auf Körperlichkeit und Wahrnehmungsprozesse – auf das konkrete, singuläre Ereignis." (Wulf/Zirfas 2007:17f.)

Im Fokus steht also nicht die Bedeutung des Dahinterliegenden (vgl. „Kultur als Text"), sondern die Konzentration auf die Körperlichkeit und Materialität (vgl. „Kultur als Performance"), also auf die unmittelbar erlebbare „Oberfläche" (ohne dass solch ein Fokus dadurch „oberflächlich" würde) – und somit auf den Vollzug von Handlungen. Um den Bogen hier zurück zu Butler zu spannen, sei angemerkt, dass sich die Verschiebung von der Tiefe zur Oberfläche auch in ihrem Performativitäts-Konzept wiederfindet:

> „Anstatt Identität als naturgegebenen Zustand (K. ist ein Mann/eine Frau) zu betrachten, wird sie als Produkt einer Strukturierung durch wiederholte Handlungen definiert, d. h. als ein Prozess aufgefasst, der sich seinem Ziel immer nur annähert. Es erfolgt eine Umkehr der Fokussierung von einer zugrundeliegenden Essenz oder Tiefe (biologisch gegebenes Sein) auf die Oberfläche (Verhalten)." (König 2011:49f.)

Zusammenfassend können als zentrale Elemente einer allgemeinen Theorie des Performativen also die wirklichkeitskonstituierende Kraft von Performativität, der ihr eigene flüchtige Prozess- und Er-

---

Begriffe 'performativ', 'performance' und der diese Zusammenhänge übergreifend thematisierende Begriff 'Performativität' verdeutlichen die Bedeutung der Form und der ästhetischen Dimension für das Gelingen sozialer Arrangements."

eignischarakter und der Fokus auf die Materialität und Körperlichkeit genannt werden. In den einzelnen Feldern, die den Begriff des Performativen nutzen, können diese Elemente um weitere ergänzt werden. Diese Übertragung und Ergänzung wird im Folgenden für den Bereich der Kunst- und Theaterwissenschaft vorgenommen, da dieser für das Verstehen von Performance Art und damit für diese Arbeit essenziell ist.

Theater als performative Kunst

Nach Fischer-Lichte (1998:22, Hervorh. i. O.) kann das Theater als „performative Kunst *par excellence*" begriffen werden, denn es konstituiere sich durch das Zusammenspiel jener Faktoren, die für den Begriff des Performativen modellbildend seien: „eine spezifische Art der Raumwahrnehmung, ein besonderes Körperempfinden, eine bestimmte Art von Zeiterlebnis sowie eine neue Wertigkeit von Materialien und Gegenständen" (ebd.). Dieser bereits angesprochene Fokus auf die Materialität und Körperlichkeit zeigt sich im Theater durch die Dominantenverschiebung zwischen Text und Aufführung (vgl. Fischer-Lichte 2004:43): Während Theater bis ins 20. Jahrhundert vorwiegend als Gegenstand der Literaturwissenschaft betrachtet wurde und der Text somit als konstituierend für die Gattung galt, richtete Max Hermann sein Augenmerk auf die Aufführung und begründete damit zu Beginn des 20. Jahrhunderts die Theaterwissenschaft als eigenständige Disziplin, als „Wissenschaft von der Aufführung" (vgl. ebd.). Mit diesem Sichtwechsel rückte die Theateraufführung als Ereignis in den Vordergrund, das sich zwischen AkteurInnen und ZuschauerInnen ereignet (vgl. ebd.:49). In einem noch ausgeprägteren Maße lässt sich der Fokus auf die Ereignishaftigkeit in der Performance-Kunst erkennen, die oftmals keinen Text oder nur Textfragmente verwendet. Wenn im Folgenden also von den performativen Eigenschaften des Theaters die Rede ist, lassen sich diese in besonderem Maße auf die Performance Art übertragen.

Die Aufführung ist „weder fixier- noch tradierbar, sondern flüchtig und transitorisch" (ebd.) und konstituiert sich „durch die

Körper der Schauspieler [...], die sich im und durch den Raum bewegen" (ebd.). Körper und Raum werden also nicht länger als bloße Bedeutungsträger fiktiver Darstellungen begriffen, sondern mit ihrer spezifischen Materialität in den Blick genommen (vgl. ebd.:50). Damit verschiebt sich der Fokus von der dargestellten Situation (fiktive Figur, Zeit und Ort) hin zum Hier und Jetzt der Aufführung, wodurch die performative Funktion des Theaters in den Vordergrund rückt. Es ereignet sich also eine für das Performative charakteristische Verschiebung von der Tiefe (Zeichenhaftigkeit, Repräsentation) hin zur Oberfläche (Materialität, Präsenz). Dies bedeutet nicht, dass die repräsentative Funktion des Theaters (bezogen auf die Darstellung von Figuren, Handlungen, Beziehungen, Situationen etc.) nicht berücksichtigt wird, sondern lediglich, dass die bis dahin meist vernachlässigte performative Funktion (bezogen auf den Vollzug von Handlungen) verstärkt in den Fokus genommen wird (vgl. Fischer-Lichte 1998:14).

War bis dahin für das bürgerliche Kunstverständnis der Bezug auf Artefakte und somit auf die referentielle Funktion von Kunst konstituierend (vgl. ebd.:20), konnte die Theateraufführung unter diesem neuen Blickwinkel nicht länger bloß als Werk betrachtet werden, denn sie zeichnet sich durch Einmaligkeit[18] aus und kann nicht unabhängig von Schauspielern und Zuschauern existieren. Die Aufführung stellt also kein Kunstwerk mit unabhängiger Existenz dar, sondern ein Ereignis, das alle Anwesenden involviert (vgl. Fischer-Lichte 2004:19): „Der Aufführung kommt ihr Kunstcharakter – ihre *Ästhetizität* – nicht aufgrund eines Werkes zu, das sie schaffen würde, sondern aufgrund des Ereignisses, als das sie sich vollzieht" (ebd.:53, Hervorh. i. O.). Aus Sicht der Theaterwissenschaft (und anderen Disziplinen) ist das „Ereignishafte" also fundamental für das Performative. Damit entzieht es sich folglich der traditionellen Einteilung „in eine Produktions-, eine Werk- und eine Rezeptionsästhetik" (ebd.:21). Denn mit der Aufführung gibt

18 Aufführungen können selbstverständlich wiederholt werden, jedoch trotz Ähnlichkeit nie identisch sein, da sie sich im Hier und Jetzt jeweils neu erschaffen.

es kein unabhängig vom Produzenten und Rezipienten existierendes Werk mehr und „Produktion" und „Rezeption" werden zur selben Zeit und am selben Ort vollzogen (vgl. ebd.:21f.). Auf diese Simultaneitätsrelation kommt auch Hempfer (2011:24f.) zu sprechen: Er unterstreicht einerseits die leibliche Ko-Präsenz von Schauspielern und Zuschauern und verweist außerdem auf die generelle Simultaneität von Sprechen und Handeln auf der Bühne, die nicht auf bestimmte Sprechakte beschränkt sei, sondern den theatralen Diskurs (einschließlich der nicht-verbalen Medien) hervorbringe. Der theatrale Diskurs lässt somit simultan zu seiner eigenen Konstitution die erzählte Geschichte bzw. das Geschehen entstehen (vgl. ebd.). Hier lässt sich das wirklichkeitskonstituierende Element - zentrale Eigenschaft des Performativen - von (Theater-)Aufführungen erkennen. Wulf und Zirfas (2007:17) verweisen darauf, dass Wirklichkeit gemeinsam durch die am Geschehen Beteiligten konstituiert werde:

> „Über körperlich-mimetische Prozesse entsteht eine gemeinsam geteilte Wirklichkeit. So gibt das Performative auf die alte Frage nach der Entstehung von Wirklichkeit eine neue Antwort: Durch Aufführungen,[19] die definiert werden können als Geschehnisse zwischen Akteuren und Zuschauern."

Im Theater lassen sich also alle oben genannten zentralen Elemente des Performativen finden, wonach es zu Recht als „performative Kunst schlechthin" gelten kann und für andere Disziplinen zum prototypischen Bezugspunkt wurde (vgl. Hempfer 2011:26).

Performativität und Performance Art

In der Performance-Kunst lassen sich all diese Elemente in zugespitzter Form finden. Zusätzlich zu den für das Theater geltenden Charakteristika weist sie außerdem ein Höchstmaß an Selbstreferentialität auf: Im Unterschied zum zeitgenössischen Theater verweisen künstlerische Performances nicht auf fiktive Orte, Räume oder Zeiten, sondern in erster Linie auf sich selbst: Im Mittelpunkt

19 Die Verfasser beziehen sich mit ihrem Aufführungsbegriff vorwiegend auf soziale, kulturelle und rituelle Aufführungen, schließen aber Aufführungen von Theater und Performance-Kunst davon nicht aus.

steht der Vollzug der Handlungen an sich, nicht ihr möglicher Bezug auf eine fiktive Welt oder bestimmte Bedeutungen (vgl. Fischer-Lichte 1998:16). Die in künstlerischen Performances stattfindenden Handlungen vollziehen genau das, was sie bedeuten (vgl. Fischer-Lichte 2004:18): „Sie konstituierten sowohl für die Künstlerin als auch für die Zuschauer, d. h. für alle an der Performance Beteiligten, eine neue, eine eigene Wirklichkeit" (ebd.:18f.). Selbstreferentialität und Wirklichkeitskonstitution - die Bedingungen des Performativen bei Austin - sind also eng miteinander verknüpft.

Gerade durch diese Selbstreferentialität kommt es zu der bereits angesprochenen Verschiebung des Blickwinkels auf die Materialität:

> „Die [...] Umorientierung theatraler Kunst in Richtung auf die Vermittlung, die Materialität, den Zusammenhang von Akteuren und Zuschauern, die Körperlichkeit und Wahrnehmungsformen, Raum- und Zeitstrukturen bedeutet eine Konzentration auf Körperlichkeit, Sprachlichkeit, Ereignishaftigkeit und Materialität der stattfindenden Prozesse." (Wulf/Zirfas 2007:14)

Somit beabsichtigt die Performance „nicht die Herstellung eines dauerhaften materiellen Produktes, sondern die Schaffung eines einmaligen, ephemeren Ereignisses, das mit den Sinnen wahrgenommen, im Gedächtnis festgehalten werden kann" (Jappe 1993:10). In der Flüchtigkeit dieses Ereignisses durchläuft der Performende physisch und psychisch einen Transformationsprozess, an dem das Publikum auf sinnlich-mimetische Weise beteiligt ist (vgl. Lange 2002:31f.) und sich dabei womöglich selbst transformiert: „Die Verwandlung von 'Etwas' - materiell oder immateriell - gehört immer dazu" (Lowinski 2014:54). Denn „[p]erformative Verfahren setzen immer auf Veränderung, auf Vergänglichkeit, Wechsel und Neuanfang" (ebd.:52).[20]

Diese Prozesse lassen sich treffend mit den Formeln „Ereignisse statt Werke" (vgl. Fischer-Lichte 2004) und „Kunst wird Ak-

---

20 Der Aspekt der Transformation wird vor allem in Kap. 5.7 näher behandelt. Im weiteren Verlauf dieser Arbeit wird untersucht, welche Bedeutung die Transformation für den Emanzipationsprozess hat.

tion“ (vgl. Jappe 1993:9) auf den Punkt bringen. Obwohl jede Herstellung eines Kunstwerkes einen Prozess darstellt, spielte dieser im traditionellen Kunstverständnis - in dem es nur um das „fertige Produkt“ ging - keine Rolle (vgl. ebd.:10). Mit der Entstehung der Performance-Kunst drehte sich diese Perspektive um: „Den Arbeitsvorgang als das wichtigste Element eines Werkes zu sehen - das ist neu“ (ebd).

Damit ein Ereignis zu einer Performance wird, bedarf es einer entsprechenden Rahmung, zu der „neben den Akteuren und einem zeitlichen und räumlichen Kontext, vor allem die Zuschauer bzw. die Zuschauerinnen [gehören], die eine für das Geschehen konstitutive Rolle haben. Erst in der Bezugnahme der künstlerischen Handlung auf Zuschauer entsteht Performance“ (Wulf u. a. 2001:11). Es gibt aber auch Performances, die sich einer solchen Rahmung bewusst entziehen und in Folge dessen zwar nicht unbedingt als Performance-Kunst erkannt werden, aber gerade dadurch irritieren - oder auch unsichtbar bleiben:

> „Ohne die Zuschreibungsleistung des Publikums bleibt die performative Realisierung der künstlerischen Aktion unsichtbar, wenn nicht sogar gar aus. Denn Performance-Kunst, die als solche *nicht* registriert wird (zum Beispiel weil sie sich tarnt oder sich nicht erklärt), ist für sinnzuschreibende Beobachter üblicherweise etwas anderes: Alltagshandeln oder Verrücktheit, vielleicht die Realisierung anderer (Un-)Sinnzusammenhänge, oder ein Mysterium.“ (Benkel 2015:59)

Für die künstlerische Performance lässt sich keine klare Definition finden (vgl. Klein/Sting 2005:10), denn als eine der „freiesten und spontansten Ausdrucksformen [der Kunst]“ (Jappe 1993:5) erwies sich ihr Ausdruckspotenzial seit ihren Anfängen in den sechziger/siebziger Jahren als grenzenlos; „von keiner Definition ließ sie sich einengen“ (ebd.). Die Performance Art ist „multifunktional, unendlich kombinierbar, individualistisch und offen. Sie weigert sich, unter eine Kunstform subsumiert zu werden. Sie ist dezentriert, und in ihr lebt die Koexistenz des Heterogenen“ (Lange 2002:44).

Es handelt sich bei der Performance also nicht „um eine neue Kunstrichtung, um einen neuen Stil, um bestimmte Inhalte, sondern um eine Form, eine Handlungsweise, eine 'Technik'“ (Jappe

1993:9). Die Art der in Performances ausgeführten Handlungen ist dabei „so breit gefächert wie die Kunstform selbst" (Lange 2002:37). Der Begriff "performance" (englisch für „Vorführung", „Darstellung") bzw. „Performance Art" gelangte in den frühen siebziger Jahren aus den USA nach Europa (vgl. Jappe 1993:9) und wurde zu einer „Sammelbezeichnung für künstlerisches Geschehen, das den üblichen Kontext der 'Performing Arts' (Darstellenden Künste) und der 'Visual Arts' (Bildenden Künste) sprengt" (Lowinski 2014:54).[21]

Trotz der Vielfältigkeit ihrer Ausprägungen lässt sich als gemeinsamer Bezugspunkt herausstellen, dass die künstlerische Performance alle zentralen Eigenschaften, die für einen allgemeinen Begriff des Performativen konstituierend sind, in sich vereint und dass gerade diese ihren besonderen Charakter ausmachen. Dabei liegt der Fokus auf dem Prozess der Aktion, weshalb sie als eine Form der Aktionskunst betrachtet wird. In ihrem Kern geht sie von Bewegung und Handlung aus (vgl. Lange 2002:26): „Performance ist zu einem übergreifenden Begriff geworden für alle Formen von Kunst, in denen der Schwerpunkt auf der Handlung liegt" (Jappe 1993:9).

Da sich diese Arbeit hauptsächlich mit Performance Art beschäftigt, wird der Begriff der Performance im Folgenden synonym zur künstlerischen Performance verwendet, wobei die erläuterten Charakteristika des Performativen für ihren Charakter wesentlich sind. Auch werden die Begriffe „Performance" und „Aufführung" (engl. „performance") - insbesondere in Rekurs auf Fischer-Lichte - synonym behandelt.

21 Vgl. Kap. 4 „Entwicklung der Performance Art".

4 Entwicklung der Performance Art

Aktionskunst und Performance Art gelten als typische Kunstformen des 20. Jahrhunderts (vgl. Jappe 1993:10). Doch die „Handlung als Ausdrucksform für eine Idee, sei es eine religiöse, eine soziale, eine künstlerische – kurz gesagt für eine Lebensanschauung – ist so alt wie die menschliche Kultur" (ebd.:9).[22] So findet man auch in früheren Zeiten Beispiele von Aktionen einzelner Menschen, die zur Demonstration einer besonderen Idee eine sichtbare, auffallende Form wählten (vgl. ebd.:10). Dabei ging es meist um eine Lebensauffassung, eine Philosophie, eine Religion oder soziale Kritik wie bei den überlieferten Aktionen von Diogenes, die man aus heutiger Sicht als Performances bezeichnen könnte (vgl. ebd.):

> „[A]us Protest gegen die Athener Überflußgesellschaft lebte er in einem leeren Faß mit einem Becher als einzigen Besitz, den er dann auch noch wegwarf, als er sah, wie ein Tier mit der Zunge Wasser aus einer Pfütze aufleckte. Oder er ging mit einer Laterne am hellichten Tage durch die Stadt, auf der Suche nach einem 'vernünftigen Menschen'." (ebd.)

(Protest-)Aktionen wie diese bewegten sich fließend zwischen Kunst und Leben, konnten das traditionelle Kunstverständnis aber kaum erschüttern.

Futurismus, Dadaismus, Surrealismus: Die künstlerische Avantgarde im Zeichen des Protestes

Im 19. Jahrhundert waren es zuerst die Maler, die sich gegen gesellschaftliche Konventionen und eine allgemein anerkannte Ästhetik stellten und einer möglichst naturgetreuen Darstellung ihre eigenen Visionen und subjektiven Impressionen entgegenstellten (vgl. ebd.:11). Diese Entwicklung spitzte sich um die Jahrhundertwende – Zeit gravierender Veränderungen in gesellschaftlichen, technischen, natur- und geisteswissenschaftlichen Bereichen – mit der Entstehung der künstlerischen Avantgarde zu: Ihr ging es nicht mehr allein um formale Neuerungen wie einen neuen Malstil oder

22 Hier lässt sich insbesondere an Rituale und andere „cultural performances" denken.

eine veränderte Auffassung von Skulptur (vgl. ebd.): „Es ging um einen grundsätzlichen Paradigmenwechsel und um eine Infragestellung des gesamten Kunstbetriebs mit seinen Mechanismen von Akademien, Salons, Museen" (ebd.). Diese Ablehnung der Avantgarde gründete sich in der Kritik am

> „bürgerlichen Staat [...], der die Widersprüche und die Inhumanität der von vielen als regressiv empfundenen Wirklichkeit mit einer luxuriösen, kulturellen Fassade zu verdecken trachtete. Eine bürgerliche Welt, die ihre Zerrissenheit mit Scheinmoral kaschierte, konnten und wollten die AvantgardekünstlerInnen in ihren Werken nicht mehr decken." (Lange 2002:56f.)

Es ging ihnen vielmehr um das Bestreben, die Grenze zwischen Kunst und Leben aufzuheben. In dieser Auseinandersetzung zwischen musealer Kunst und den neuen Ideen nahmen die Aktion und das Manifest eine besondere Stellung ein (vgl. Jappe 1993:11): „Damit wurde die Aktion zum ersten Mal zu einem künstlerischen Ausdrucksmittel" (ebd.). Ohne die spektakulären Aktionen der Avantgardisten in der ersten Hälfte des 20. Jahrhunderts sind die späteren Bewegungen des Happenings, Fluxus, der Aktions- und Performance-Kunst nicht denkbar (vgl. ebd.).

Eine wichtige Bedeutung hatte daher der mit Filippo Tommaso Marinettis Manifest im Jahr 1909 entstehende Futurismus, der trotz kritikloser Technik- und Fortschrittsgläubigkeit (und damit häufig verbundenem Einsatz für Militarismus und Nationalismus) durch seine subversiven und gegen die passive Selbstzufriedenheit des bürgerlichen Publikums gerichteten Intentionen eine bedeutende Rolle in der weiteren Entwicklung der Aktionskünste spielte (vgl. Lange 2002:64f.). Futuristische Aktionen waren geprägt durch die Öffnung zum Alltäglichen und durch eine „Hinwendung zum gattungsübergreifenden, erweiterten Kunstbegriff und zur Totalkunst" (ebd.:65). Viele Werke waren als Montage von Fragmenten konzipiert, experimentierten mit der Simultaneität verschiedener Sinneseindrücke und zielten auf Schock und Publikumsprovokation ab (vgl. ebd.:65f.).[23]

---

23 Vgl. z. B. diesen Ausschnitt aus dem futuristischen Manifest „Das Varieté-Theater" (1913) von Filippo Tommaso Marinetti: „Man muß die Überraschung und die Notwendigkeit zu handeln unter die Zuschauer des Parketts, der Logen

Auch die sich 1916 mit der Eröffnung des Zürcher „Cabarets Voltaire" formierenden Dadaisten lehnten traditionelle Kunstformen und das gesellschaftliche Wertesystem ab, verstanden sich aber im Gegensatz zu den Futuristen als Kriegsgegner (vgl. ebd.:71f.). Anstelle futuristischer Aggression verband sich die provokative Haltung der Dada-Bewegung zugleich mit einer ironischen Infragestellung der eigenen Positionen (vgl. ebd.:72). Ironie, Satire, Kultivierung von „Un-Sinn" und das Prinzip des Zufalls wurden zu entscheidenden Merkmalen, in denen sich die Umwandlung des Sinnverlustes (durch sinnlos gewordene Werte) in einen radikalen und bewussten Sinnverzicht (vgl. ebd.) widerspiegelt, für den die „Lautgedichte" von Hugo Ball und anderen beispielhaft sind. Dies führte zu einem „Verlangen nach Totalität, in welchem sich die Dimensionen von Leben und Kunst, Sinn und Un-Sinn, Planung und Zufall [übereinanderschoben]" (ebd.:80) und die performativen Eigenschaften – insbesondere die der Sprache als „Material" – in den Vordergrund traten.

Zu Beginn der zwanziger Jahre entstand in Paris die surrealistische Bewegung, die ebenfalls Impulsgeberin für die Entwicklung der Performance-Kunst war: Durch die uneingeschränkte Integration von Alltagsmaterialien und Alltagseinflüssen in die surrealistische Kunst bewirkte sie eine Annäherung von Kunst und Leben und fokussierte darüber hinaus insbesondere das menschliche Unbewusste (vgl. ebd.:97). „Ihre Suche nach menschlichen Erfahrungen jenseits der vernunftkontrollierten Grenzen hat in Teilen des Aktionismus und der Performancebewegung [...] ihre Fortsetzung gefunden" (ebd.).

und der Galerie tragen. Hier nur ein paar Vorschläge: auf ein paar Sessel wird Leim geschmiert, damit die Zuschauer – Herr oder Dame – kleben bleiben und so die allgemeine Heiterkeit erregen [...]. Ein und derselbe Platz wird an zehn Personen verkauft, was Gedrängel, Gezänk und Streit zur Folge hat. – Herren und Damen, von denen man weiß, daß sie leicht verrückt, reizbar oder exzentrisch sind, erhalten kostenlose Plätze, damit sie mit obszönen Gesten, Kneifen der Damen oder anderem Unfug Durcheinander verursachen. – Die Sessel werden mit Juck-, Niespulver usw. bestreut" (Marinetti, Filippo Tommaso [1913]: Das Varieté-Theater. In: Apollonio, Umbro [1972]: Der Futurismus. Manifeste und Dokumente einer künstlerischen Revolution. 1909 – 1918, Köln, zit. n. Fischer-Lichte 2004:16)

Insgesamt prägten die Bewegungen der künstlerischen Avantgarde einen Kunstbegriff, der im Zeichen des Protestes stand (vgl. Jappe 1993:11) und sich von gesellschaftlichen und künstlerischen Konventionen emanzipierte: Er stellte das bis dahin gültige bürgerliche Kunstverständnis radikal in Frage und war auf den prinzipiell intermedialen, offenen und prozesshaften Charakter von Kunstwerken bzw. -ereignissen ausgerichtet (vgl. Lange 2002.:98): „Futuristen, Dadaisten, Surrealisten, sie alle hatten die Aktion als wirkungsvolles Darstellungsmittel entdeckt" (Jappe 1993:9). Durch den zweiten Weltkrieg wurde diese vielfältige lebendige Szene zerschlagen und avantgardistische Kunst von den Nationalsozialisten als „entartet" bekämpft; viele KünstlerInnen flüchteten - sofern sie konnten - in die USA (vgl. Jappe 1993:14).

Quellen der Performance Art: Action Painting, Happening, Fluxus und gesellschaftlicher Strukturwandel

Danach folgte eine vorsichtige, vom Trauma des Nationalsozialismus geprägte „Phase der Wiederaneignung", in der nach und nach mit dem „Action Painting" der Prozessbegriff in der bildenden Kunst anschaulich wurde (vgl. ebd.:14): Leinwände waren zwar immer noch das Material für die entstehenden Bilder, doch wurde der Entstehungsprozess, also die physische Arbeit selbst - die Aktivität des Malers - zum Bildgegenstand (vgl. ebd.). Der Aktionsmaler Jackson Pollock beispielsweise lief über am Boden liegende Leinwände und ließ die Farbe direkt aus durchlöcherten Dosen darauf tropfen; auf der Leinwand finden sich seine Bewegungen wieder (vgl. ebd.). Auch in anderen Bereichen wie der „kinetischen Kunst" und dem „absurden Theater" zeigte sich diese Entwicklung einer Verschmelzung unterschiedlicher Materialien und Medien (vgl. ebd.:14f.) und einer Hinwendung zum Prozess- und Ereignishaften, die Fischer-Lichte als „performative Wende" in den Künsten beschreibt (vgl. Fischer-Lichte 2004:22). Anfang der sechziger Jahre ging diese nicht nur in den einzelnen Künsten mit einem „Performativierungsschub" einher, sondern führte auch zur Herausbildung einer neuen Kunstgattung, der Aktions- und Performance-Kunst (vgl. ebd.).

Wichtiger Impulsgeber war John Cage, der verschiedene Richtungen wie Musik, bildende Kunst, Tanz und Theater aus der Isolation ihrer Sparten und sozialen Bezüge lösen wollte (vgl. Jappe 1993:15): Er veranstaltete am Black Mountain College in North Carolina eine Reihe von „Konzerten", in denen all diese Kunstformen aufeinandertrafen und mit Projektionen, Radioaufzeichnungen und Lesungen verbunden wurden (vgl. ebd.). Seine Initiierung des „untitled event"[24] 1952 galt später als „Ur-Happening" und wegweisend für die weitere Entwicklung (vgl. Fischer-Lichte 1998).

Die Bezeichnung „Happening" erschien jedoch erst 1959, als Allan Kaprow zu seinen „18 Happenings in 6 Parts" in die Reuben Gallery in New York einlud (vgl. Jappe 1993:17). An diesen Happenings waren eine Vielzahl unterschiedlicher Künstler beteiligt, die fragmentarische und unzusammenhängende Aktionen vorführten und somit die Eigenverantwortung des Publikums anregen wollten (vgl. ebd.). Um 1960 fiel diese Szene der „Handlungskunst" aber noch

> „nicht auseinander in Kunstrichtungen mit Etiketten wie 'Nouveau Réalisme', 'Happening', 'Fluxus'. […] Denn im Grunde war die Ausgangsposition für alle ähnlich - das Atelier verlassen und erkennen: Was ist Kunst? Was ist Realität? Was ist Leben? Die Methoden waren es, die später den verschiedenen Gruppierungen ihr jeweils eigenes Profil gaben." (Jappe 1993:17)

Die westliche Gesellschaft unterzog sich in den sechziger Jahren einem tiefgreifenden Strukturwandel, der sich unter anderem an den Studentenprotesten im Jahr 1968 zeigte und die Performance Art stark beeinflusste:

> „Sie entwickelte sich auf der Basis von […] sozialen und emanzipatorischen Bestrebungen (Kampf der Frauen um Emanzipation, Gleichberechtigung

---

24 Das „untitled event" fand im Speisesaal des Colleges statt und bestand aus simultan ausgeführten Handlungen verschiedener Künstler aus den Bereichen Musik, Malerei, Tanz und Dichtung: So wurden gleichzeitig Texte vorgelesen, auf Musikinstrumenten gespielt, abstrakte Dias und Filmausschnitte projiziert, Schallplatten abgespielt, zwischen den Zuschauern getanzt, Wasser von einem in einen anderen Eimer gegossen etc. (vgl. Fischer-Lichte 1998:13f.). Die einzelnen Aktionen waren nicht abgesprochen, sondern wurden lediglich durch eine Art Partitur mit „time brackets" koordiniert, die Zeiten für Aktionen, Pausen und Stille angaben und von jedem Akteur individuell auszufüllen waren (vgl. ebd.).

und Chancengleichheit in der Gesellschaft, Kampf gegen die Armut und Unterdrückung in der dritten Welt) und politischen Anliegen (Anti-Vietnamkriegs-Bewegung, Beseitigung der Rassenungleichheit, Atomwaffengegnerschaft, ökologische Bewegung, staatlicher Umgang mit der terroristischen Szene)." (Lange 2002:215)

> „In der Kunst formulierte sich diese Stimmung in einer explosionsartigen Vermehrung von Aktionen, Happenings, Events. Die gemeinsame Absicht all dieser Aktivitäten war eine Abrechnung mit den alten, erstarrten Darstellungsformen der Kultur überhaupt." (Jappe 1993:17)

Fluxus und Happening werden oft in einem Atemzug genannt, da sie viele Gemeinsamkeiten und Überschneidungen - wie etwa ihre generelle Protesthaltung - aufweisen und viele KünstlerInnen in beiden Bewegungen aktiv waren (vgl. ebd.:19). Eine grobe Unterscheidung lässt sich aber anhand der Vorstellung vom Publikum ziehen: Das Happening setzt einen Prozess in Gang und entwirft ein Szenario, dessen Ablauf maßgeblich von den Reaktionen des Publikums abhängt und dessen Ausgang somit ungewiss ist; eine Fluxus-Aktion ist definierter und bleibt weitgehend in der Hand des Künstlers; das Publikum ist zwar involviert, agiert aber nicht auf so selbstständige Art wie im Happening (vgl. ebd.). In der Performance Art findet man beide Konzepte - und viele „dazwischen" (vgl. Kap.5.3). Fluxus, vom lateinischen Verb „fluere" abgeleitet, steht für das „Fließende" (vgl. Lange 2002:140). Es lenkt den Fokus auf das Vergängliche, Sich-Verändernde, auf das Zusammenfließen von Kunst und Leben und richtet sich gegen alles Gefestigte und Starre (vgl. Jappe 1993:19): „Wesentlich an der Fluxus-Aktion ist die Konzeption des puren Aktes - die Vorstellung von 'Kunst = Leben'. Sie spiegelt sich z. B. in der exemplarischen Vorführung einer extrem reduzierten Handlung" (ebd.:20). Fluxus-Aktionen sind höchst ephemere Ereignisse, die geprägt sind von Witz, Humor und der Verwendung minimalistischer Materialien (vgl. Lange 2002:143).

All diese Entwicklungen und viele weitere wie der Wiener Aktionismus, das amerikanische Avantgarde-Theater, Body Art, Land Art, Behaviour Art und Concept Art sowie der Einfluss prägender Aktionskünstler wie Joseph Beuys mit seinem „erweiterten

Kunstbegriff"[25] können als Quellen der Performance Art angesehen werden (vgl. Jappe 1993 und Lange 2002:55-185). Insgesamt versuchte die Kunst dieser Zeit „mit sämtlichen kunsthistorischen und bürgerlichen Traditionen zu brechen" (Dinkla 1997:15). Die Befreiung aus diesen Konventionen vollzog sich also als umfassender emanzipatorischer Akt auf vielen unterschiedlichen Ebenen.

Entwicklung der Performance Art seit den sechziger Jahren

In den späten sechziger Jahren wurde der Begriff der „Art Performance" zum ersten Mal in den USA für Aktionen von Künstlern wie Vito Acconci und Bruce Nauman verwendet (vgl. Jappe 1993:24) und auf Aktionen anderer KünstlerInnen - auch in Europa - im Begriff der Performance bzw. Performance Art übertragen. Wie für die Aktionskünste standen auch für die Performance Art der Prozess der Aktion und die Präsenz der handelnden Personen, des Raumes und der Materialien im Mittelpunkt (vgl. Lange 2002:186f.). Somit war eine - für das Performative kennzeichnende - Umorientierung vom Symbol- und Zeichenhaften auf die unmittelbar erfahrbare Echtheit erfolgt: auf den realen Raum, reale Gegenstände, die physische Anwesenheit des Künstlers und die Realzeit (vgl. Jappe 1993:69). Damit grenzte sich die Performance Art entschieden von den Theaterinstitutionen ab: „Aufgrund ihrer radikalen, an Gegenwärtigkeit und Unwiederholbarkeit, Körperlichkeit und Präsenz gebundenen Inszenierungspraxis problematisiert sie den Status des Theaters als einen Ort scheinhafter Realität und bürgerlicher Repräsentation" (Klein/Sting 2005:15). Performance Art opponierte aber nicht nur gegen den Repräsentationscharakter von Kunst, sondern vor allem auch gegen den Werkcharakter von Kunstwerken, der sie ökonomisch verwertbar machte:

> „Einer der Impulse für die Entstehung von Aktions- und Performance-Kunst ging unmittelbar vom dezidierten Willen einzelner Künstler aus,

25 Der „erweiterte Kunstbegriff" bei Beuys beinhaltet eine ganzheitliche Sicht auf den Menschen und dessen Kreativitätspotenzial und den Gedanken, dass Kreativität nicht auf den Bereich der Kunst eingeschränkt bleibt, sondern in allen Lebensbereichen wirken kann und somit eine gesellschaftsverändernde Kraft besitzt (vgl. Lange 2002:150f.). Eng verknüpft mit dieser Vorstellung ist Beuys' vielzitierte These „Jeder Mensch ist ein Künstler".

nicht länger Werke und das heißt jetzt: vermarktbare Artefakte, Waren zu schaffen, sondern flüchtige Ereignisse, die niemand anschließend käuflich erwerben, in seinem Safe verschwinden lassen oder in seinem Wohnzimmer aufhängen kann. Die Flüchtigkeit des Ereignisses, seine Einmaligkeit und Unwiederholbarkeit wurde hier zum Programm erhoben." (Fischer-Lichte 2004:283)[26]

Die frühen Performances der siebziger Jahre ließen ein wachsendes Bedürfnis erkennen, „sich von der stark gesellschaftlich geprägten Kunst zu entfernen und sich wieder mehr mit formalen und abstrakt-geistigen Fragen zu beschäftigen" (Lange 2002:186f.). Es erfolgte eine tendenzielle Rückbesinnung auf die eigene Individualität und den Subjektstatus als KünstlerIn und damit auf den eigenen Körper (vgl. ebd.:186).

„In dieser Phase entdeckten vor allem Künstlerinnen die Performance als Medium, in dem sie ohne männlich-vorgeprägte Besetzungen eigene Ausdrucksformen für psychische, soziale und politische Problemstellungen aus feministischer Sicht entwickeln konnten." (ebd.:42)

Zum ersten Mal in der Kunstgeschichte prägten Frauen Artikulationsformen und Semantiken einer Kunstrichtung gleichberechtigt mit (vgl. ebd:187). Neben der Auseinandersetzung mit der eigenen Subjektivität rückten anthropologische Fragestellungen wie die Beschäftigung mit verschüttetem Kulturgut und verdrängten Lebensformen in den Vordergrund (vgl. Jappe 1993:32): Viele PerformancekünstlerInnen ließen sich von schamanistischen Ritualen inspirieren oder nahmen sogar selbst die Rolle eines „modernen Schamanen" ein (vgl. ebd.:9).

Im Gegensatz zu der eher introvertierten Haltung der Performance Art der siebziger Jahre lässt sich in den Performances der achtziger Jahre eine Expansion und Hinwendung zu Themen der menschlichen, urbanen und natürlichen Umwelt beobachten (vgl. ebd.:40). Diese Öffnung nach außen vollzog sich auf allen Ebenen:

26 Allerdings hatten viele Performance-KünstlerInnen „ihre Probleme mit der 'Produktionslosigkeit' dieser Kunstform. Manche Künstler, der wirtschaftlichen Not gehorchend, belieferten die Sammler nicht nur mit Relikten ihrer Aktionen, sondern auch mit Bildern und Objekten, die eigentlich ihre ursprüngliche Verweigerung von bleibender 'Wand-Kunst' desavouierten" (Jappe 1993:19).

als Suche nach neuen (räumlichen) Kontexten wie dem öffentlichen Raum (vgl. Kap. 5.5) ebenso wie als Zuwendung zu neuen Inhalten und einem verstärkten Bedürfnis nach Kommunikation und Zusammenarbeit mit anderen KünstlerInnen in Netzwerken (vgl. ebd.:41). Begrifflich hat sich diese Erweiterung in der „Expanded Performance" niedergeschlagen (vgl. ebd:40).

In der weiteren Entwicklung lässt sich ein starker Einbezug von technologischen Medien (insbesondere Video) beobachten, die nicht nur zu Dokumentationszwecken, sondern auch als wesentliches eigenständiges Element in Performances integriert werden.[27] Söke Dinkla hebt hervor, dass der Einsatz von neuen Medien sowohl als künstlerische Herausforderung als auch zugleich als gesellschaftliche Aufgabe verstanden werden kann, bei der der Verwendung der Medien im emanzipatorischen Sinn eine große Bedeutung zukam; der Zuschauer sollte am Prozess der Realisierung des Werkes bzw. Ereignisses beteiligt werden (vgl. Dinkla 1997:13). Gleichzeitig vollzog sich aber auch eine Rückbesinnung auf den eigenen Körper: „Trotz oder gerade aufgrund der medialen und technologischen Entwicklungen wird dem handelnden Körper in der Kunst wie im Alltag erhöhte Beachtung geschenkt" (Lange 2002:253).

Im 21. Jahrhundert sind künstlerische Performances - anders als noch in den Anfängen - zunehmend mit der Allgegenwärtigkeit des Theatralen und den damit immer subtiler gewordenen Grenzen zwischen Spiel und Ernst, Schein und Sein, Inszenierung und Authentizität konfrontiert (vgl. Klein/Sting 2005:15). Performance Art ist eine höchst heterogene Kunstform mit vielfältigen unterschiedlichen Tendenzen und Ausprägungen, die eine allgemeine Charakterisierung unmöglich machen. Verstand sie sich in ihren Anfängen noch als strikte Gegenposition zum Theater, sind mittlerweile viele Querverbindungen und vielfältige Durchmischungen feststellbar - insbesondere die neuen Ausprägungen des politischen Theaters

27 Manche KünstlerInnen integrieren die Kamera als aktiven „Partner" in ihre Performances, die z. B. ihren eigenen Körper oder das Publikum filmt und so ein ergänzendes, sich in Echtzeit stetig verändernde Bild mit einer ungewohnten Perspektive liefert (vgl. Jappe 1993:48). Somit werden zeitliche und räumliche ebenso wie die Grenzen zwischen Akteur und Zuschauer verwischt.

lassen sich nicht eindeutig als Performance oder Theater kennzeichnen. Somit beeinflussen und inspirieren sich Performance-Kunst und Theater, aber auch viele weitere Künste gegenseitig:

> „Performance-Art hat mit ihren physischen, geistigen, materiellen und multimedialen Experimenten und ihren heterogenen, entgrenzten Gestaltungsvarianten vielfache Anregungen für die moderne Musikszene, für Theater- und Bühnenbildkonzepte, das Tanztheater und das moderne Ballett, für den Film, die Videokunst, die bildende Kunst gegeben. Andererseits hat sie auch vielfältige Impulse aus den anderen Künsten, den Medien, der Pop-Kultur, den verschiedenen jugendästhetischen Phänomenen und der Alltagsästhetik in sich aufgenommen und verarbeitet." (Lange 2002:43)

Zusammenfassend lässt sich feststellen, dass sich die Performance Art aus vielen unterschiedlichen Quellen speist, seien es prägende historische und gesellschaftliche Entwicklungen, der Einbezug unterschiedlichster Medien und Materialien oder die vielfältigen thematischen Bezugspunkte. Charakteristisch ist ihre tendenzielle Protesthaltung, die sich nicht nur in der Etablierung eines neuen Kunstverständnisses gezeigt hat, sondern auch in der kritischen Auseinandersetzung mit sozialen, politischen und emanzipatorischen Themen. Aber nicht nur in Hinblick auf die behandelten Fragestellungen, sondern auch aufgrund ihrer Entstehungsgeschichte, für die die Befreiung aus künstlerischen und gesellschaftlichen Konventionen kennzeichnend ist, kann die Entwicklung der Performance Art insgesamt selbst als emanzipatorische Bewegung betrachtet werden.

5 Grenzüberschreitungen in der Performance Art

Performance Art ist in vielerlei Hinsicht eine grenzüberschreitende Kunst: Sie lässt nicht nur die Grenzen zwischen den Künsten (vgl. Kap. 5.1), zwischen Kunst und Alltag (vgl. Kap. 5.2), Akteur und Zuschauer (vgl. Kap.5.3) verschwimmen, sondern stellt auch Konzepte von Körperlichkeit (vgl. 5.4) und Räumlichkeit (vgl. Kap. 5.5) radikal in Frage. Auf vielfältige und selbstermächtigende Art unterläuft sie somit gültige Konventionen und geht nicht selten mit Tabubrüchen einher (vgl. Kap. 5.6). Die dadurch entstehenden Irritationen und Unsicherheiten lenken den Blick auf das „Dazwischen" und auf das „Sowohl-als-auch"; auf die Zwischenräume, Schwellenerfahrungen und ihr Transformationspotenzial (vgl. Kap. 5.7). In den folgenden Kapiteln werden diese grenzüberschreitenden Aspekte eingehend beleuchtet, wobei auch einzelne emanzipatorische Dimensionen wie die Aneignung des öffentlichen Raumes (vgl. Kap. 5.5) und feministische Performance-Kunst (vgl. Kap. 5.4) zur Sprache kommen.

Ausgangspunkt der intensiven Auseinandersetzung mit Grenzüberschreitungen ist die Grundannahme, dass emanzipatorische Prozesse immer in irgendeiner Art und Weise mit Grenzüberschreitungen verbunden sind; dass also eine der emanzipatorischen Dimensionen von Performance Art schon in der grenzüberschreitenden Ausführung an sich liegt: Emanzipation meint im Rahmen von Performance-Kunst also nicht nur ein Ziel oder eine inhaltliche Auseinandersetzung mit emanzipatorischen Themen, sondern ereignet sich bereits im Akt der Grenzüberschreitung. Dabei muss freilich ein genauer Blick darauf geworfen werden, wie sich diese Selbstermächtigung der PerformerInnen zur Emanzipation der ZuschauerInnnen verhält und welche Möglichkeiten, aber auch Risiken mit einer grenzüberschreitenden Praxis verbunden sind.

Emanzipation als Grenzüberschreitung bedeutet, gesetzte Grenzen zu hinterfragen, sie zu reflektieren und sich ggf. aus ihnen zu befreien. Dazu gehört die Einsicht, dass Grenzen meist nicht natürlich gegeben, sondern konstruiert und daher kontingent sind: Sie können durch emanzipatorische Prozesse also ggf. aufgelöst, verschoben oder neu definiert werden. Damit Grenzen und Konventionen aber überhaupt hinterfragt und verändert werden können, müssen sie zunächst einmal als solche wahrgenommen werden – und das erfolgt oft erst durch ihre Überschreitung und einen sich daran anschließenden Reflexions- und Diskussionsprozess. Performance Art als Kunst der Grenzüberschreitungen meint also die Sichtbarmachung und Infragestellung dieser Grenzen, woraus sich auch ein emanzipatorisches Potenzial für die ZuschauerInnen ergibt. Diese Vorstellung findet sich auch in einer neuen politischen Theaterästhetik wieder: Es

> „hat sich in den aktuellen theaterwissenschaftlichen Debatten ein Begriff von politischem Theater etabliert, der das Politische vor allem in der Infragestellung herkömmlicher Wahrnehmungs- und Denkweisen und einer damit einhergehenden Reflexion des eigenen politischen Standpunkts durch den Zuschauer verwirklicht sieht." (Focke 2011:8f.)

Das politisch-emanzipatorische Potenzial von Performance und Theater entfaltet sich demnach nicht aufgrund eines bestimmten dargestellten Inhaltes („Ästhetik der Repräsentation"), sondern aufgrund der ästhetischen Form der Aufführung, ihrer ästhetischen, materiellen und performativen Strukturen, der „Ästhetik der Präsenz" (Jean-François Lyotard): Während es im traditionellen politischen Theater um die *Darstellung* der Emanzipation von Figuren geht, welche auf eine mögliche Emanzipation des Zuschauers nur verweist, geht es einem politischen Theater im Lyotardschen Sinne um die Herstellung spezifischer ästhetischer Strategien zur *Herstellung* der Emanzipation der Zuschauerin selbst (vgl. ebd.:81):

> „Demnach wird das politische Potential des Theaters nicht mehr länger von seinem Verhältnis zu einer großen Erzählung, etwa derjenigen der Emanzipation des Subjekts her bestimmt. Vielmehr gilt das Theater gerade dann als politisch, wenn es bestehende Strukturen und Diskurse auf- beziehungsweise unterbricht, und zwar nicht zugunsten einer neuen Synthese im Namen einer besseren politischen Idee, sondern vielmehr im Namen der Unterbrechung selbst." (ebd.:61)

Das emanzipatorische Potenzial liegt demnach also im Modus der ästhetischen Unterbrechung, welcher durch grenzüberschreitende Performances erzeugt werden kann: „Festgemacht wird eine solche Unterbrechung dabei weniger inhaltlich oder thematisch, sondern in erster Linie an bestimmten ästhetischen Strukturen" (ebd.:9). Diese ästhetische Strategie der Unterbrechung verfolgt die Performance-Kunst seit ihrem Entstehen, denn für sie ist die Ablösung einer „Ästhetik der Repräsentation" durch eine „Ästhetik der Präsenz" konstitutiv. Klein und Sting (2005:15) beschreiben diese auf Unterbrechung zielende ästhetische Strategie folgendermaßen:

> „[...] das Ver-Rücken und Ent-Setzen von sozialen Ordnungen, kulturellen Konventionen und Zeichen, die politische und ästhetische Provokation, die Suche nach Utopien, nach heterotopischen Räumen, das Zeigen des Abwesenden und Aufspüren des Verdrängten, Vergessenen, das Ausgraben des Verschütteten – aus welcher Perspektive man auch immer Motive, Methoden und Effekte der Performance-Kunst beleuchten möchte, sie ist aufgefordert, eine ästhetische Strategie zu finden, die die immer subtiler gewordenen Grenzen zwischen Spiel und Ernst, Schein und Sein, Imaginärem und Realem auszuloten und sich als das Andere, das Ver-Störende, das Befremdliche zu zeigen vermag."

Anknüpfend an die These, dass Performance Art ihr emanzipatorisches Potenzial vor allem durch ihre auf Irritation und Unterbrechung zielenden ästhetischen und performativen Strukturen realisiert, beschäftigen sich die folgenden Kapitel deshalb mit ihren vielfältigen grenzüberschreitenden Dimensionen.

5.1 Intermedialität

Performance Art – eine intermediale Kunst

Die Performance Art ist ein höchst intermediales Phänomen: Es gibt kaum ein Medium – sei es literarisch, audiovisuell, körperlich-organisch, technisch-elektronisch oder ein Massenmedium (vgl. Kolesch 2014:170), das nicht Teil einer Performance werden könnte. Indem die Artefakte in Handlungsvollzüge aufgelöst werden, stellt die Performance die Grenzen zwischen den einzelnen Künsten in Frage (vgl. Fischer-Lichte 1998:20): Alle an einer Performance beteiligten Künste sind zugleich auch (Teil von) Performance-Kunst (vgl. ebd.): „Performance [...] meint eine ästhetische Praxis, die sich intermedial zwischen Theater und Tanz, Musik, Film und bildender Kunst konstituiert und sich hier als eine sehr wandelbare und innovative künstlerische Form zeigt" (Klein/Sting 2005:13). Die Grenzen zwischen den einzelnen Künsten verwischen gerade dadurch, dass für sie in der Performance der performative Modus nicht nur dominant, sondern konstitutiv wird (vgl. Fischer-Lichte 1998:22). So entsteht durch die (Wechsel-)Beziehungen der einzelnen Künste eine neue intermediale Kunst: die Performance Art. Obwohl hier der Fokus auf künstlerische Medien gelegt wird, ist Performance-Kunst selbstverständlich nicht auf diese beschränkt, sondern bedient sich ebenso außer-künstlerischer Medien und Materialien (vgl. Kap. 5.2).

Das „Inter" des Intermedialitäts-Begriffs verweist nicht lediglich auf eine Kombination unterschiedlicher Medien und Künste im Sinne eines „Multi", sondern fokussiert ihre Wechselbeziehung zueinander: Intermedialität kann bestimmt werden „als ein Verhältnis des Austausches, der Mischung, Interaktion oder auch Transformation zwischen verschiedenen Medien in einer Kunstform oder einem Medium" (Kolesch 2014:170).

Oftmals wird das Konzept der Intermedialität in Hinblick auf die Entwicklung und Verwendung technischer Medien diskutiert (vgl. ebd.:171). Dabei ist es kein neues Phänomen, sondern begleitete den Mediengebrauch schon immer (vgl. ebd.), wie dies beispielsweise in der Betrachtung von Opern- und Theateraufführungen augenscheinlich wird, für die die Intermedialität (also Zusammenwirkung unterschiedlicher Künste wie Schauspiel, Gesang, Musik und bildende Kunst) konstituierend ist. Auch Richard Wagner veranschaulichte Mitte des 19. Jahrhunderts in seinem Konzept des Gesamtkunstwerkes die Vorstellung einer „Vereinigung aller Künste im Sinne einer Fusion der einzelnen Künste" (Fischer-Lichte 2014:163). Entscheidend dabei ist, dass die verschiedenen Künste im Gesamtkunstwerk derart miteinander verschmelzen, dass sie nicht mehr als Einzelkünste oder einzelne Elemente ausgemacht werden können – ihre Grenzverwischung und Transformation also nicht mehr rückgängig gemacht werden kann (vgl. ebd.:163f.) –

und somit ganzheitliche Wahrnehmungs- und Erfahrungsweisen ermöglichen können.

Performance Art - eine hybride Kunst?

Diese Vorstellung einer Fusion spiegelt sich auch heute noch im Begriff der Hybridität wider, der das durch Verschmelzung entstandene „Neue" bezeichnet:[28]

> „Mit dem Begriff Hybridisierung werden Prozesse bezeichnet, welche Phänomene zusammenbinden, die traditionell als dichotomisch gedacht sind und daher einander auszuschließen scheinen - wie das Organische, Lebendige und das Mechanische (zum Beispiel in den Performances des Künstlers Stelarc, der mit einem dritten, mechanischen Arm operiert oder sich an Computer anschließen lässt u. Ä.) - oder Formen, die in verschiedenen Epochen entwickelt wurden." (Fischer-Lichte 2010a:217)

In dieser Hinsicht könnte die Performance Art auch als per se hybrid bezeichnet werden, da sich in ihr die verschiedensten Medien, Materialien und Künste - die meist zuvor scheinbar keine gemeinsamen Anknüpfungspunkte hatten - zu einer Performance verbinden. Wenn mit dem Begriff des Hybriden die Vereinigung dessen gemeint ist, was „von Natur aus" nicht zusammengehört (vgl. ebd.:216), kann die Kennzeichnung von Performances als Hybride jedoch auch als fraglich erscheinen: Fischer-Lichte hält es für

> „problematisch, diesen Begriff auf kulturelle Phänomene und Prozesse zu übertragen. Stellen die verschiedenen Künste 'von Natur aus' unterschiedliche Phänomene dar, weswegen eine Aufführung, die aus mehreren entsteht, als eine Hybridbildung zu betrachten ist? Oder handelt es sich nicht vielmehr um Formen des menschlichen Ausdrucksvermögens, die in oralen Kulturen in Ritualen, Festen, Spielen immer schon miteinander verbunden auftraten, so dass eher ihre Absonderung voneinander als ein 'künstlicher Eingriff' in ihren 'natürlichen' Verbund zu begreifen ist?" (ebd.)

28 Ursprünglich bezeichnet der Begriff des Hybriden in der Biologie das Ergebnis von Züchtungen neuer Pflanzen- und Tierarten, die aus der Kombination mindestens zweier Spezies hervorgehen (vgl. Fischer-Lichte 2014:164). Zwar werden dem Begriff der Hybridität durch seine metaphorische Verwendung vielerlei Bedeutungen zugeschrieben (vgl. ebd.:217), ich verwende ihn hier jedoch in diesem erläuterten Sinne.

Irina O. Rajewsky schlägt in diesem Zusammenhang den Begriff des „relativen Konstruktcharakters" von Medienbegriffen und medialen Grenzziehungen vor: Konventionelle mediale Grenzziehungen und etablierte Grenzziehungen zwischen den Künsten mögen zwar in bestimmten intermedialen Praktiken verwischt werden, sie lassen sich ihr zufolge aber aufgrund der je spezifischen Materialität und medialen Bedingtheiten jeder künstlerischen Praxis nicht in jeder Hinsicht auch anders ziehen, sie sind also nicht ausschließlich ein Resultat diskursiver Strategien (vgl. Rajewsky 2010:46).

Der Blickwinkel auf Performances als Hybride ist also aus den genannten Gründen nicht unproblematisch. Zudem birgt er die Gefahr der Aufweichung des Hybriditäts-Begriffes in sich (vgl. Fischer-Lichte 2010a:217) und droht auch den gerade für das Konzept der Intermedialität so wichtigen Fokus auf die spezifische Art und Weise des Aufeinandertreffens und Zusammenwirkens der *einzelnen* Medien und Künste innerhalb einer Performance zu verlieren. So erscheint beispielsweise eine Anwendung des Hybriditäts-Begriffes oder des Wagnerschen Gesamtkunstwerk-Konzeptes auf das „untitled event" nicht sehr produktiv, weil es in diesem weniger um die Verschmelzung der einzelnen Künste als vielmehr um ihre simultane und zufällige Aufführung ging, durch die sich überraschende, nicht-geplante Interferenzen ergaben.[29]

Eine intermediale Perspektive hingegen nimmt die Bezüge der einzelnen Künste zueinander in den Blick und untersucht in Rückgriff auf den Medientheoretiker Marshall Mc Luhan, inwiefern „Darstellungsformen und Wahrnehmungsmuster eines Mediums zitiert, imitiert, reflektiert, transformiert oder auch kommentiert werden" (Fischer-Lichte 2014:170f.). Dieser Blickwinkel unterscheidet, „ob jeweils auf das Produkt eines anderen Mediums Bezug genommen wird oder auf die Verfahren eines anderen Mediums" (Fischer-Lichte 2010a:215): Wenn beispielsweise Marina Abramović in ihre Performance „Balkan Baroque" (1997, 47. Biennale

29 Zufall, Unvorhersehbarkeit und Unbestimmtheit (durch John Cage geprägtes Konzept der „indeterminacy") spielen in vielen Performances eine Rolle und werden z. B. durch eine Kommunikation mit dem Publikum oder durch den Einsatz elektronischer Systeme und Computer als Zufallsgeneratoren angestrebt bzw. verstärkt (vgl. Dinkla 1997:11).

Venedig), in der sie vier Tage lang Rinderknochen schrubbte, Videoaufnahmen und das Singen jugoslawischer Totenlieder integriert, nimmt sie damit Bezug auf spezifische Produkte anderer Medien (in diesem Fall Film und Lied). Wenn dagegen Performances allgemein nach dem Montageprinzip strukturiert sind, dann beziehen sie sich damit auf ein filmisches Verfahren und nicht auf das Medium Film als solches (vgl. ebd.); andere Medien dienen also gewissermaßen als Inspiration, ohne selbst (in ihrer Materialität) miteinbezogen zu werden. Dadurch können zwar entsprechende Illusionen hervorgerufen werden, die medialen Grenzen bleiben jedoch bestehen (vgl. Rajewsky 2010:45f.).

Intermedialität als Quelle spezifischer Wirkungen der Performance Art

Aber gerade durch diese „nicht hintergehbare mediale Differenz, das Umspielen der eigenen materiellen und operativen Grenzen" (ebd:46) erhält intermediale Kunst wie Performance Art ihr spezifisches Wirkungspotenzial (vgl. ebd.). Wenn diese Grenzen bewusst sind, können sie auch bewusst überschritten werden: Im Akt der Grenzüberschreitung werden Grenzen und Unterschiede zwischen den Künsten reflektiert – als Akt der Selbstreflexion der Kunst (vgl. Fischer-Lichte 2010b:17). Intermediale Bezüge regen also die Selbstreflexion ihrer eigenen Bedingungen an, indem sie in der Überschreitung medialer Konventionen auf die Bedingungen von Wahrnehmung, Repräsentation und Darstellbarkeit anspielen (vgl. Fischer-Lichte 2014:165): Erst in der Begegnung mit anderen Künsten wird das je Eigene – Elemente, Verfahren, Funktionen und Wirkungsweisen auf das Publikum – der einzelnen Künste erkennbar (vgl. ebd.).

Der Intermedialitätsbegriff betont also gerade die „Brüche, Verschiebungen, Übergänge und Differenzen zwischen Medien und medialen Konventionen" (ebd.:172) und

> „ist insofern als Differenz-Form des Dazwischen zu begreifen, die weniger auf die Integration verschiedener Medien abhebt, sondern vielmehr auf Figurationen von Übergängen, Zwischenräumen und Grenzen, in denen Übersetzungs- und Transformationsleistungen dargestellt und selbstreflexiv ausgestellt werden." (ebd.)

In diesem Zusammenhang ist allerdings kritisch zu hinterfragen, ob solche intermedialen Konstellationen die Funktion der medialen und künstlerischen Selbstreflexion (noch) erfüllen können bzw. durch welche andere Funktionen sie sich auszeichnen: Welche Wahrnehmungsmodi können sie herstellen, welche Wirkungen auslösen und welche ästhetische Erfahrung ermöglichen (vgl. Fischer-Lichte 2010a:216)? „Tragen sie dazu bei, den Zustand des Dazwischen, der Liminalität zu verstärken oder haben sie sich bereits so weit eingebürgert, dass sie kaum mehr auffallen?“ (ebd.). Welche Strategien müssten sie anwenden um (wieder) aufzufallen? Wie können sie irritieren, Wahrnehmungserwartungen unterlaufen und somit einen Reflexionsprozess anregen?

In jedem Fall kann die Performance-Kunst aus einem nahezu unendlichen Feld an Materialien, Medien und Künsten schöpfen, durch die sich mittels individueller Weise der gegenseitigen Bezugnahme jeweils neue Kombinations- und Verschmelzungsmöglichkeiten ergeben. Durch die Überschreitung medialer Konventionen können sowohl beim Publikum ungewohnte Perspektiven und Wirkungen hervorgerufen werden als auch gänzlich neue Medien mit eigenen Gattungsregeln entstehen (vgl. Dreher 2001:44):

> „Medienüberschreitung durch Erweiterung und Kombination mit anderen Medien kann zu neuen Medienformationen führen, deren Regeln wiederum überschritten werden können – usw. ad infinitum.“ (ebd.:44f.)

Dies gilt in besonderer Weise gerade für die Performance Art, die als neue Kunstrichtung selbst aus der intermedialen Beziehung verschiedener Künste entstanden ist. Dass dieser Prozess der Erweiterung, Verschmelzung und Neuentstehung niemals stillsteht, zeigt sich nicht zuletzt daran, dass wiederum „Performanceaspekte […] längst auch zum Bestandteil anderer Kunst- und Medienformen geworden [sind]“ (Lange 2002:238).

5.2 Kunst und Alltag

Für eine Interart-Diskussion – und somit für die Analyse von Performance-Kunst als Interart-Phänomen – sind zwei Perspektiven wesentlich: zum einen die gerade angesprochene Überschreitung der Grenzen zwischen den einzelnen Künsten und zum anderen die Verwischung der Grenze zwischen Kunst und Nicht-Kunst (vgl. Fischer-Lichte 2014:162f.) wie etwa Politik, Ökonomie, Sport, Religion, neue Medien oder Alltagspraktiken (vgl. Fischer-Lichte 2010b:7).

Verwischung der Grenze zwischen Kunst und Leben

Die Forderung nach einer Annäherung bzw. sogar Gleichsetzung von Kunst und Leben erhoben schon die Avantgardebewegungen zu Beginn des 20. Jahrhunderts ebenso wie die sich später entwickelnden Aktionskünste (vgl. Kap. 4). Ob die Grenze zwischen Kunst und alltäglichem Leben aber tatsächlich aufgehoben werden kann, erscheint zunächst einmal fraglich: Denn künstlerische Aktionen, die sich gegen die Institution Kunst und die Trennlinie zwischen ihr und dem Leben richten, vermögen zwar

> „auf die Autonomie von Kunst zu reflektieren, nicht aber sie aufzuheben. Denn diese wird durch die Institution Kunst garantiert. Jede ikonoklastische Geste der Künstler, jede auf die Zerschlagung der Institution Kunst zielende Aktion findet gleichwohl im Rahmen der Institution Kunst statt und stößt damit an ihre Grenzen." (Fischer-Lichte 2004:352)

Kennzeichnend ist hierfür die Integration vieler Performances in den etablierten Kunstbetrieb von Museen, Galerien, Festivals etc. und auch die Tatsache, dass die einstige „Anti-Kunst" (bzw. ihre Dokumentation) nun vielfach selbst in Museen gezeigt wird. Diese Sichtweise richtet sich jedoch vordergründig auf die *Institution* Kunst. Jedoch entscheidet nicht zwangsläufig ein institutioneller Bezug darüber, ob Kunst als Kunst praktiziert bzw. rezipiert wird und gerade in emanzipatorischen Kontexten spielt eine institutionsunabhängige Kunstpraxis eine bedeutende Rolle.

Denkt man den Zusammenhang zwischen Kunst und Leben nicht als „Entweder-Oder", sondern als „Sowohl-als-auch", ergibt sich in diesem „Zwischenraum" die Überlegung, dass die Zugehörigkeit der Performance Art zur (Institution) Kunst ihr *gleichzeitiges* Selbstverständnis als „Lebenskunst" nicht ausschließen muss: Sie kann vielmehr als Bindeglied zwischen Kunst und Leben verstanden werden, agiert selbst also in dieser Hinsicht in einem permanenten Zwischenraum. Exemplarisch für solch eine Verschmelzung zwischen Kunst und Leben sind die „living sculptures“: KünstlerInnen wie Gilbert & George, die sich selbst und damit ihr Leben zum Kunstwerk erklären, indem sie sich beispielsweise in Museen als „lebende Skulpturen“ ausstellen und damit nicht nur die Grenze zwischen Kunst und Leben, sondern auch zwischen Kunstwerk und Künstler in Frage stellen (vgl. Jappe 1993:26). Ein anderes Beispiel für die Verquickung zwischen Kunst und Leben sind Langzeitperformances, wie sie zum Beispiel der taiwanesische Künstler Tehching Hsieh mit einer Dauer von je einem Jahr durchführte: Zusammen mit der Künstlerin Linda Montano realisierte er beispielsweise von 1983 bis 1984 die Performance „Rope Piece“, in der die beiden ein Jahr lang durch ein ein Meter langes Seil miteinander verbunden waren – ohne sich gegenseitig zu berühren (vgl. ebd.:69 und O. V.:2017). Oder er verzichtete im „No Art Piece“ von 1985 bis 1986 ein Jahr lang darauf, Kunst zu machen oder zu rezipieren (vgl. ebd.) – eine Performance, die das Verhältnis von Kunst und Nicht-Kunst ganz neu befragt, indem sie gerade die Nicht-Kunst zur Kunst erklärt. Exemplarisch wird an diesen Performances auch deutlich, dass Performance Art nicht nur Grenzen überschreitet, sondern sich auch bewusst neue setzt (wie in diesen Fällen das Seil und selbstauferlegte Regeln), die ihr wiederum als Experimentierfeld dienen.

Für die Beziehung zwischen Performance-Kunst und Alltag sind insbesondere zwei Perspektiven relevant: erstens die Integration des Alltäglichen in die Performance-Kunst und zweitens die Integration der Performance-Kunst in alltägliche bzw. nicht-künstlerische Bereiche.

Die Integration des Alltäglichen in die Performance Art

Ersterer Aspekt wird am Einbezug von alltäglichen Themen und Gegenständen deutlich: So beziehen sich einige Performances auf gesellschaftliche und politische Themen und setzen sich beispielsweise mit den Auswirkungen der Globalisierung auf den Alltag auseinander – diese thematische Beziehung findet sich auch in vielen anderen Künsten. Zudem ist die Performance Art nicht auf bestimmte Materialien oder Gegenstände festgelegt; „alles" kann künstlerisches Material werden: Alltagsgesten können ebenso Verwendung finden[30] wie natürliche Materialien (z. B. Erde, Wasser oder Pflanzen), „bearbeitetes Material" (z. B. Tassen, Leiter, Pinsel, Kleidung) oder vorgefundene Gegenstände. „Poetische Entwendung" nennt der Performance-Künstler Boris Nieslony diesen Prozess, durch den jeder Gegenstand seine besondere Bedeutung in dem Augenblick erlangt, in dem er von seiner gewohnten Funktion losgelöst wird und somit eine symbolische Aufladung erfahren kann (vgl. Jappe 1993:43). Diese künstlerische Umdeutung alltäglicher Materialien strebt nicht zuletzt die Emanzipation von den Konventionen eines klassischen Kunstverständnisses an.[31]

Die Ausweitung der Performance Art auf den Alltag

Der zweite Blickwinkel bezieht sich auf die Ausweitung der Performance Art auf den Alltag, insbesondere auf alltägliche Orte des öffentlichen Raumes (vgl. Kap. 5.5); ein Prozess, der maßgeblich durch die „Expanded Performances" in den 1980er Jahren in Gang

30 Alltagsgesten wie Winken, Zähneputzen, Gähnen o. Ä. können einen Ausgangspunkt für die Entwicklung von Performances darstellen und durch ihre Integration bzw. Abwandlung (z. B. durch Übertreibung, zeitliche Überdehnung etc.) zu interessantem künstlerischem Material werden. Solche Performances setzen sich dadurch bewusst von dem Anspruch tänzerischer Professionalität ab und eignen sich daher besonders gut für die (pädagogische) Arbeit mit Laien.

31 Wegweisend für diese Entwicklung waren die Ready-mades von Marcel Duchamp wie „Fahrrad-Rad" (1913), ein umgekehrt auf einen Holzhocker montiertes Rad eines Fahrrads, oder „Fontäne" (1917), ein umgedrehtes Urinal (vgl. Lange 2002:85). „Die Entscheidung darüber, ob die Ready-mades Kunst sind, hängt von der geistigen Einstellung und Erwartung der BetrachterInnen sowie vom Präsentationskontext ab. Mit dieser Erhebung des beliebig Gefundenen in den Status von Ausstellungsobjekten war ein Höhepunkt in der Infragestellung des überkommenen Kunstbegriffes erreicht" (ebd.:85f.).

gesetzt wurde (vgl. Kap. 4): Diese fanden zunehmend in alltäglichen Umgebungen wie einem Kaufhaus[32] oder am Strand[33] statt und sprengten damit die beinahe „klassisch“ gewordene Präsentationsform der Performance, die zu einem bestimmten Zeitpunkt an einem bestimmten Ort stattfand (vgl. Jappe 1993:41). Die Verschmelzung solcher Performances mit dem Alltäglichen erschließt ein neues Publikum, ein „spontanes, unvorbereitetes Publikum ohne Kunst-Erwartungsdruck“ (ebd.): Performances, die auf diese Art in den Alltag intervenieren oder mit diesem verschmelzen, sind keinem Kunstpublikum vorbehalten, sondern frei zugänglich. Durch das Fehlen eines festgelegten „Kunst-Rahmens“ sind solche Performances mitunter allerdings nicht (oder erst auf den zweiten oder dritten Blick) als solche auszumachen. Eine derartige Grenzüberschreitung bzw. Verschmelzung kann somit einen „Zwischenraum“ für Überraschung, Irritation und Reflexion eröffnen.

Die Ausbreitung von Performances auf den Alltag bezieht sich jedoch nicht nur auf den öffentlichen Raum: Das Alltagsleben „[vollzieht] sich zunehmend nach Gesetzen der Ästhetisierung und Inszenierung“ (Lange 2002:26). Lange bezieht sich hier vorrangig auf die Medien:

> „[Dies] wirft die Frage auf, was wir ohne die Medien heute eigentlich wissen und was wir ohne sie sind. Innerhalb dieser Ambivalenz bewegt sich heute auch die Verwendung des Begriffs Performance. Seine Bedeutung schwankt zwischen den Polen 'Handlung in Echt-Zeit-Raum' und 'Pseudohandlung in den Medien' sowie zwischen der Bezugnahme auf die sinnlich-erfaßbare Wirklichkeit und der Dominanz der Medien als Hyperrealität. Das berührt

---

32 Verwiesen sei hier auf die Performance „Das Rolltreppenspiel“ (1987) von Sam & Ben (Ralf Samens und BKH Gutmann) in Berlin: „Es kann passieren, daß man im Kaufhaus mitten auf den Rolltreppen zwei Personen antrifft, die durch langsames Auf- bzw. Abgehen immer an der gleichen Stelle, direkt nebeneinander bleiben, einer in Aufwärtsrichtung, einer abwärts. Der Schwarzhaarige hält in den Händen, die er zu einer Schüssel geformt hat, ein Häufchen Staub; der Blonde hält eine Schale mit Wasser in den Händen“ (Jappe 1993:40f.).

33 An dieser Stelle sei verwiesen auf eine Performance von Lili Fischer: „Am Strand sitzt eine Gruppe älterer Menschen, eine junge Frau ist dabei. Eine merkwürdige Sammlung von Objekten und Pflanzen haben sie um sich versammelt, man sieht sie schnuppern, Pflanzen auf die Augen legen, Steine prüfend in der Hand halten, ihre Füße in einen Eimer mit Schlamm stecken“ (Jappe 1993:41).

> gleichzeitig die Frage nach Original und Kopie sowie nach hautnah stattfindenden Realhandlungen und Simulationen als Pseudoereignissen im Medienkontext." (ebd.)

Die hier angesprochene Auflösung der Dichotomie Realität/Fiktion lässt die Frage aufkommen, inwiefern Simulationen im Medienkontext überhaupt noch als „Pseudoereignisse" identifiziert werden können und ob sie nicht einen gleichwertig wirklichkeitskonstituierenden Charakter haben wie „reale Ereignisse". Prozesse der Theatralisierung und Ästhetisierung des Lebens beziehen sich aber nicht nur auf mediale Kontexte, sondern stellen ein allumfassendes Phänomen dar:

> „Heute durchdringt das Ästhetische neben der Kunst, als ihrem geistigen Zentrum, zunehmend auch die Bereiche von Lebenswelt und Politik,[34] Werbung und Medien, Design und Kommunikation, Theorie und Denken. Kein Bereich menschlicher Betrachtung und Betätigung kann sich heute dem Ästhetischen verschließen, denn unsere Produktions- und Erkenntnisformen weisen zunehmend ästhetische Züge auf." (ebd.:258)

Dieser Umstand steht in enger Verbindung zum Selbstverständnis der „Erlebnisgesellschaft", in der sich zunehmend Prozesse der (Selbst-)Inszenierung und Performativierung vollziehen (vgl. ebd.:263f.). Diese von Lange vor fünfzehn Jahren formulierte Beobachtung hat sich heute, im „digitalen Zeitalter" wohl noch einmal zugespitzt.

Festzustellen ist also das zunehmende Verschwimmen der Grenze zwischen künstlerischen und nicht-künstlerischen Aufführungen, das dennoch eine spezifische Zuordnung nicht unmöglich macht (vgl. Fischer-Lichte 2004:352). Der Schlüssel zu dieser jeweiligen Zuordnung befindet sich in der institutionellen Rahmung:

---

34 Für den Bereich des Politischen lässt sich exemplarisch feststellen, dass sich politische Bewegungen – ganz gleich aus welcher Richtung – zunehmend ästhetischer und performativer Strategien bedienen, wie sie etwa durch symbolische, „bildmächtige" (gerade in Hinblick auf die mediale Wirksamkeit) inszenierte Aktionen – z. B. Sitzblockaden, „Die-Ins" und andere kreative Formen der Meinungsäußerung oder des Protestes – zutage treten (vgl. Kap. 5.5).

> „Eine Aufführung gilt als künstlerisch, wenn sie im Rahmen der Institution Kunst stattfindet; sie ist den nicht-künstlerischen Aufführungen zuzurechnen, wenn sie im Rahmen der Institutionen Politik, Sport, Recht, Religion etc. veranstaltet wird." (ebd.)

Eine solche Rahmung und Zuordnung wird - bewusst oder unbewusst - vorgenommen, um ein „angemessenes" Verhalten der Beteiligten zu ermöglichen (vgl. ebd.).[35] Nur wenn sich eine Performance jedoch solch einer (institutionellen) Rahmung entzieht bzw. unterschiedliche Rahmen kollabieren lässt, kann sie ihr vollständiges „Irritationspotenzial" ausschöpfen und einen transformatorischen Raum des Dazwischen erschaffen (vgl. Kap. 5.7), der den Blick auch auf die soziale und politische Dimension von Performances lenkt. In dieser Hinsicht muss jedoch auch hinterfragt werden, ob in einer sich durch Pluralität und Heterogenität auszeichnenden Welt, in der Realität und Fiktion, Inszenierung und Authentizität, Kunst und Leben scheinbar spielerisch ineinander übergehen, nicht gerade das Fehlen einer eindeutigen Rahmung oder Zuordnung zur „Normalität" geworden ist? Welche Strategien muss eine Performance verfolgen, um in einer Lebenswelt, die sich an ihre Ästhetisierung bereits gewöhnt hat, überhaupt noch aufzufallen und Irritationen zu erzeugen? Muss sie sich besonders spektakulärer Mittel bedienen oder gerade aufgrund der verbreiteten Tendenz zur „Eventisierung" auf schlichte - scheinbar unspektakuläre - Methoden (zurück)besinnen?

5.3 Akteurin und Zuschauerin

Stellte bis zur Performativierung der Künste in den 1960er Jahren (und zum Teil bis heute) die Guckkastenbühne mit ihrer klaren Trennung von AkteurInnen und ZuschauerInnen das vorherrschende Theatermodell dar (vgl. Fischer-Lichte 2004:78), so zielte

35 Analog zu dieser institutionellen Rahmung sei hier auf das „Rahmenprinzip des Ästhetischen" bei Max Bense hingewiesen, „das den ästhetischen Zustand semiotisch definiert und seine Diskontinuität gewährleistet. Dieses Rahmenprinzip des Ästhetischen wird ganz einfach erfüllt; z. B. durch eine Ausstellung, zwei Buchdeckel, oder eben - einen Rahmen" (Bolz, Norbert [1993]: Das Ende der Gutenberg-Galaxis. München, S. 152f., zit. n. Lange 2002:86).

und zielt insbesondere die Performance Art darauf ab, diese Trennung aufzuheben und mit Möglichkeiten der Interaktion zwischen ZuschauerInnen und AkteurInnen zu spielen. Zwar ist man sich einig darüber, dass ohne Publikum keine Aufführung zustande kommen kann,[36] da diese immer flüchtig ist und sich daher erst in Anwesenheit eines Publikums überhaupt realisiert (vgl. Wartemann 2011:211).[37] Über die genaue Rolle der Zuschauenden bestehen aber höchst unterschiedliche Vorstellungen (vgl. ebd.:206).

Die Rolle der ZuschauerInnen: Drei Konzeptionen

Die Theaterwissenschaftlerin Siemke Böhnisch unterscheidet hier zusammenfassend drei mögliche Konzeptionen des Zuschauers: den „Zuschauer als Empfänger", „Zuschauer als Sinnproduzenten" und „Zuschauer als zur Aufführung hör- und sichtbar Beitragenden" (vgl. ebd.[38]).

---

36 Eine augenzwinkernde Ausnahme stellt in diesem Zusammenhang die Performance „No-Play" (1962) des Fluxus-Künstlers Robert Filliou dar, in der er genau mit eben dieser konstitutiven Rolle des Publikums spielt: „Dies ist ein Stück, wo niemand hinkommen soll, um es anzuschauen. Das heißt, das Stück besteht aus dem Nichtkommen eines Jeglichen... Keinem soll gesagt werden, daß er nicht kommen soll... Aber keiner soll kommen, sonst gibt es kein Stück" (Filliou, zit. n. Jappe 1993:20). In eine ähnliche Richtung ging Thomas Schmidt, der auf Einladung von Rolf Jährling mit sechs anderen Künstlern am „24-Stunden-Happening" (1965, Galerie Parnass, Wuppertal) teilnahm: „Thomas Schmidt bildet in seiner Aktion ohne Publikum aus fertigen Plastikeimern einen magischen Kreis aus Kunststoffen um einen Sessel. Die Aktion ist unterbrochen, sobald Publikum den Raum betritt" (Götz, Adriani; Konnertz, Windfried; Thomas, Karin [1973]: Joseph Beuys. Köln: DuMont, S. 74-77, zit. n. Jappe 1993:19). Gleichzeitig wird in diesen Performances der Ausschluss des Publikums aber thematisiert und somit erst die Performance als reale Handlung bezeugt: „Performance-Kunst, die fremder Augen Blicke ausschließt [...] hat es in der Kunstgeschichte zwar immer wieder einmal, aber nie ohne eine Thematisierung dieses Ausschlusses gegeben – sonst wäre ja überhaupt nicht bekannt, dass es Performances gegeben hat, von denen Eingeweihte wissen, dass keiner sie 'erlebt' hat" (Benkel 2015:58).

37 Fischer Lichte formuliert diese mediale Bedingung von Aufführungen wie folgt: „Damit diese [die Aufführung] zustande kommt, müssen sich zwei Gruppen von Personen, die als 'Handelnde' und 'Zuschauende' agieren, zu einer bestimmten Zeit an einem bestimmten Ort versammeln und dort eine Spanne Lebenszeit miteinander teilen" (Fischer-Lichte 2004:58).

38 Geesche Wartemann bezieht sich hier auf folgende Quelle: Böhnisch, Siemke (2009): Feedbacksløyfer i teater for de minste. In. Ragnhild By (Ed.) Form møter form. Lek møter teater. Oslo, S. 171-190

Das erste Modell geht davon aus, dass eine Aufführung ein in sich abgeschlossenes Kunstwerk sei, das zwar auf die Zuschauenden wirken könne, aber umgekehrt nicht von diesen beeinflusst werden könne (vgl. ebd.) – die Zuschauerin wird also als passive Rezipientin angesehen. Wird der Zuschauer dagegen als Sinnproduzent, also als Konstruktor von Bedeutung angesehen, steht man ihm zu, kreativ zur Interpretation einer Aufführung beizutragen (vgl. ebd.): Eine Aufführung entstehe demnach erst unter Mitwirkung der Zuschauenden, die in diesem „rezeptionsästhetischen Ansatz [allerdings] auf innerliche Prozesse der Deutung und Sinnstiftung beschränkt" (ebd.) bleibe. Diese Rezeptionsästhetik wurde vor allem seit den 1970er Jahren vertreten (vgl. ebd.) und gelangte u. a. durch Umberto Eco zu Aufmerksamkeit. Auf die Kunst im Allgemeinen bezogen, formulierte er das Kunstwerk als „offenes Kunstwerk", als Feld immer neuer interpretativer Möglichkeiten, durch die es Bedeutung erlangt: „Jede Rezeption ist so eine *Interpretation* und eine *Realisation*, da bei jeder Rezeption das Werk in einer originellen Perspektive neu auflebt" (Eco 1973:30, Hervorh. i. O.).[39] Aber auch dieses Verständnis von den Zuschauenden stellt die Hierarchie zwischen Agierenden und Zuschauenden nach gängiger Auffassung nicht in Frage und orientiert sich zudem am klassischen Werksbegriff.[40] Erst im dritten Konzept, das Böhnisch zufolge den Zuschauer als „zur Aufführung hör- und sichtbar Beitragenden" beschreibt (vgl. Wartemann 2011:206), verschiebt sich der Fokus auf die „leibliche Ko-Präsenz" (Fischer-Lichte 2004) von AkteurInnen und ZuschauerInnen. Der Zuschauerin wird in diesem

39 Umberto Eco stellt hier also die These auf, dass Kunst erst Kunst kraft des Betrachters/Zuschauers wird. Dieser These schließen sich viele an, u. a. Armin Klein (2011:8): „Damit ein Kunstwerk überhaupt 'existiert', muss es rezipiert werden, d. h. es braucht notwendiger Weise den Betrachter, den Zuschauer, den Interpreten, den Nutzer, um sich zu vollenden: Ein Buch, dass kein Mensch liest, mag zwar als physisches Objekt in der Welt sein, aber es entfaltet nicht seinen tatsächlichen Wert; gleiches gilt für Musik, die niemand hört, für eine Theateraufführung, die keiner anschaut usw." Aufschluss auf die Frage, wodurch Kunst als Kunst angesehen wird, gibt auch das „Rahmenprinzip des Ästhetischen" bei Max Bense (vgl. Anm. 35).

40 Vgl. zur Gegenposition u. a. Rancières Auffassung über das gerade dieser Konzeption („Zuschauer als Sinnproduzent") inhärente Emanzipationspotenzial, vertiefend in Kap. 6 dargestellt.

Modell, das nun seit etwa zwanzig Jahren die theaterwissenschaftliche Reflexion prägt (vgl. Wartemann 2011:206), also deutlich mehr Bedeutung für den Prozess der Aufführung zugeschrieben als in den vorhergehenden Konzepten. Die Aufführung wird in diesem Modell also als performatives, dynamisches Geschehen aufgefasst, dass sich zwischen allen Anwesenden ereignet (vgl. ebd.). Zwischen Agierenden und Zuschauenden besteht in dieser Konzeption also keine klare Grenze mehr. Wie sich diese theoretisch formulierte Grenzüberschreitung praktisch vollzieht, soll im folgenden an Fischer-Lichtes Konzeption der „leiblichen Ko-Präsenz" von AkteurInnen und ZuschauerInnen verdeutlicht werden, die den Blick auch auf die Leiblichkeit und Materialität der Aufführung – also ihren performativen Charakter – lenkt.

Die leibliche Ko-Präsenz von AkteurInnen und ZuschauerInnen und die *feedback*-Schleife

Durch die für „Live-Aufführungen" konstitutive gleichzeitige Anwesenheit von Agierenden und Zuschauenden reagieren diese – bewusst oder unbewusst, äußerlich wahrnehmbar oder innerlich – auch unweigerlich aufeinander (vgl. Fischer-Lichte 2004:58f.). Äußerlich wahrnehmbare Reaktionen der Zuschauenden bestehen z. B. in ihrem Lachen, Stöhnen, Weinen, Klatschen oder Kommentieren des (Bühnen-)Geschehens etc. (vgl. ebd.:58) – oder auch in ihrem Herausgehen. Diese Reaktionen werden sowohl von den anderen Zuschauenden wahrgenommen als auch von den Agierenden, die auf diese wiederum reagieren, indem sie z. B. ihre Stimmen lauter werden lassen (vgl. ebd.). Zwischen Agierenden und Zuschauenden entsteht also eine permanente Wechselwirkung, für die Fischer-Lichte den Begriff der *„feedback*-Schleife" einführt (vgl. ebd.:59):

> „Was immer die Akteure tun, es hat Auswirkungen auf die Zuschauer, und was immer die Zuschauer tun, es hat Auswirkungen auf die Akteure und die anderen Zuschauer.[41] In diesem Sinne läßt sich behaupten, daß die Aufführung von einer selbstbezüglichen und sich permanent verändernden

41 In Anlehnung an Watzlawik ließe sich hier also sagen: „Man kann nicht nicht aufeinander reagieren" (vgl. Fischer-Lichte 2004:67), denn „[w]o Menschen

feedback-Schleife hervorgebracht und gesteuert wird. Daher ist ihr Ablauf auch nicht vollständig planbar und vorhersagbar." (ebd., Hervorh. i. O.)

Während diese Unbestimmtheit seit dem ausgehenden 18. Jahrhundert als störend empfunden wurde und mit allen Mitteln verhindert oder zumindest minimiert werden sollte,[42] fanden zu Beginn des 20. Jahrhunderts stattdessen Bestrebungen statt, die *feedback*-Schleife im Sinne der Regie zu nutzen und zu steuern (vgl. ebd.:59f.), also „ganz bestimmte wahrnehmbare Reaktionen durch gezielte Inszenierungsstrategien allererst hervorzurufen" (ebd.:60).[43] Letztendlich lässt sich die *feedback*-Schleife durch Inszenierungsstrategien aber weder gezielt steuern noch tatsächlich unterbrechen; eine potenzielle Unvorhersehbarkeit bleibt aufgrund der leiblichen Ko-Präsenz immer bestehen (vgl. ebd.:61).

Partizipation und Rollenwechsel: ZuschauerInnen als gleichberechtigte Ko-Subjekte?

Diese Kontingenz wurde im Zuge der performativen Wende in den 1960er Jahren verstärkt in den Blick genommen und erfuhr eine Aufwertung (vgl. ebd.); die Wechselwirkungen zwischen AkteurInnen und ZuschauerInnen wurden nicht mehr nur akzeptiert, sondern selbst zum Thema gemacht: Aufführungen bzw. Performances wurden zunehmend als Experimente angelegt, in denen die Beziehung zwischen Agierenden und Zuschauenden ausgehandelt

---

leiblich aufeinander treffen, reagieren sie aufeinander, auch wenn dies nicht immer mit Augen und Ohren wahrnehmbar ist" (ebd.).

42 Zu diesem Zweck wurden verschiedene Strategien eingesetzt wie die Erlassung von Benimmregeln in der Form von Theatergesetzen und die Verdunkelung des Zuschauerraums, die erst mit der Erfindung der Gasbeleuchtung möglich wurde und so die Sichtbarkeit der Zuschauer – eine der stärksten Störquellen – beseitigen konnte (vgl. Fischer-Lichte 2004:59). Zur Durchsetzung und Einhaltung der Theatergesetze wurde sogar eine Theaterpolizei eingeführt, die auch dafür sorgen sollte, „eine neue kontemplative Haltung ästhetischer Wahrnehmung durchzusetzen, die das Theater zum literarischen Kunstraum machte und ihn als sozialen Ort negierte" (Wihstutz 2010a:12). Das Modell des „Zuschauers als Empfänger" entsprach also keineswegs den Theatergegebenheiten um 1800, sondern konnte erst unter Anstrengung durchgesetzt werden, bevor es ein Jahrhundert später mit der Avantgardebewegung wiederum durchbrochen wurde, um die verdrängte soziale Dimension wiederzubeleben.

43 Vgl. in diesem Kontext auch das futuristische Manifest „Das Varieté-Theater" (1913) von Marinetti (vgl. Anm. 23).

werden sollte (vgl. ebd.): „Die Aufführung entsteht aus ihrer Begegnung – aus ihrer Konfrontation, aus ihrer Interaktion" (ebd.:58). Diese Entwicklung hat aber „nicht nur kunstinterne Gründe, sondern spiegelt das generelle Bestreben, autoritätsfreie Kommunikationsstrukturen zu schaffen" (Dinkla 1997:11): Aus einer emanzipatorischen Perspektive heraus sollten den Zuschauenden mehr Rechte eingeräumt werden, indem sie zur Partizipation animiert wurden. Damit wurde die traditionell gültige Grenze zwischen Subjekt und Objekt, Akteur und Zuschauer überschritten (vgl. Fischer-Lichte 2004:63). Zunehmend wurde ein Rollenwechsel angestrebt, bei dem die Zuschauenden als gleichberechtigte Ko-Subjekte – und damit nicht mehr bloß als Zuschauende sondern gleichzeitig als Agierende – fungieren sollten (vgl. ebd.). Beispielhaft lässt sich hier an die Performance „Dionysus in 69" denken, die Richard Schechner mit seiner Gruppe „The Performance Group" 1968 durchführte: Gäste wie AkteurInnen vollzogen gemeinsam das Geburtsritual des Dionysus, das Todesritual des Pentheus und einen Kreistanz, bevor sie zum Abschluss im Rahmen eines Inkorporationsrituales als Prozession durch die Straßen von New York zogen (vgl. ebd.:64). Schechner betont in Blick auf diese Performance seine Auffassung der „Zuschauenden" als gleichberechtigte Ko-Subjekte:

> „[...] spectators felt that they were free to enter the performance as equals. [...] most of the participation in *Dionysus* was according to the democratic model: letting people into the play to do as the performers were doing, to 'join the story'." (Schechner 1973:44[44], zit. n. Fischer-Lichte 2004:63, Hervorh. i. O.)

Trotz der beabsichtigten Hierarchielosigkeit muss angemerkt werden, dass Machtstrukturen immer eine Rolle spielen: Zum einen besitzen die PerformerInnen eine Art „Heimvorteil", da sie die Performance mit ihren Spielregeln und räumlichen Kontexten entwerfen. Zudem sind auch partizipative Projekte entgegen ihrem Anspruch, den Partizipierenden auf Augenhöhe wahrzunehmen,

44 Schechner, Richard (1973): Environmental Theater. New York

letztendlich nicht in der Lage, hierarchisierende Prozesse einfach aufzulösen: Sie

> „reproduzieren [...] graduell immer traditionelle hierarchische Strukturen. [...] Ein wesentliches Element von Partizipation ist [...] die Ungleichheit zwischen dem, der partizipieren lässt, und dem, der partizipiert oder partizipieren soll - und zwar unabhängig davon, wer von beiden die Partizipation initiiert hat." (Piontek 2012:226)

Damit ist wiederum das Dilemma der Emanzipation angesprochen: Kann man jemand anderen emanzipieren? Ist Selbstbestimmung durch Fremdbestimmung überhaupt möglich?

Aber es ist auch umgekehrt denkbar: In „Dionysus in 69" waren es die als Ko-Subjekte „konzipierten" Zuschauenden, die sich zum Teil scheinbar mit ihrer Gleichberechtigung nicht zufrieden gaben bzw. sich durch diese angestachelt fühlten und

> „sich häufig Freiheiten heraus[nahmen], welche die Performer zu Objekten degradierten: [...] eine Gruppe von College-Studenten entführte den Darsteller des Pentheus gegen dessen Willen, um Pentheus' Opfer durch Dionysus zu verhindern, wobei der Performer (William Shepard) sich Verletzungen zuzog. Das heißt, die 'Befreiung' der Zuschauer zu Ko-Subjekten endete häufig damit, daß die befreiten Zuschauer nun ihrerseits die Performer unterdrückten und ihnen Gewalt antaten." (Fischer-Lichte 2004:64f.)

Hier ist das ambivalente Moment von Emanzipation und Autonomie nicht zu übersehen (vgl. auch Kap. 6). In Performances können aber auch andere Formen der Zuschaueraktivierung praktiziert werden, z. B. indem ein gewisser Druck oder Zwang auf die Zuschauenden ausgeübt wird bzw. diese zu manipuliert versucht werden (vgl. ebd.:65). In Schechners Inszenierung „Commune" (The Performance Group, 1970-72, New York) beispielsweise, die die Geschehnisse in My Lai während des Vietnam-Krieges thematisierte, wurden willkürlich einige der Zuschauenden durch die PerformerInnen dazu aufgefordert, in einen Kreis zu treten, um die DorfbewohnerInnen von My Lai darzustellen (vgl. Fischer-Lichte 2010a:30f.). Die meisten ausgewählten ZuschauerInnen folgten der Anweisung, doch wenn jemand sich weigerte, wurde die Performance direkt unterbrochen - bis sich die jeweilige Zuschauerin doch zur Teilnahme entschied, einen Ersatz fand oder den Raum verließ (vgl. ebd.:31). Diese Bedingungen zogen diskussionsreiche

Unterbrechungen nach sich, die teilweise bis zu drei Stunden dauerten (vgl. ebd.). Interessant ist in diesem Zusammenhang, dass gerade die Weigerung einiger Zuschauenden – die hier durchaus als emanzipatorischer Akt aufzufassen ist – die Aufmerksamkeit aller Anwesenden auf ebendiese lenkte und sie gerade dadurch paradoxerweise zu AkteurInnen (auch wider Willen) machte:

> „Es ergab sich ein performativer Widerspruch. Denn mit ihrer Weigerung hatten sie genau das vollzogen, was sie verweigerten. Sie waren es, welche die Diskussionen vom Zaun brachen. Sie beteiligten sich aktiv an der Aushandlung von Beziehungen; als Akteure bestanden sie darauf, als Zuschauer an der Performance teilzunehmen." (Fischer-Lichte 2004:66)

An diesem Beispiel wird offensichtlich, dass sich keine eindeutige Grenze mehr zwischen Zuschauer und Akteur ziehen lässt: ZuschauerInnen wurden gerade durch ihre Weigerung, zu AkteurInnen zu werden, zu ebendiesen und selbst die scheinbar nicht aktiven Zuschauenden konnten sich jederzeit an der Diskussion beteiligen und dadurch zu Handelnden werden. Das traditionelle Subjekt/Objekt-Verhältnis hat also diesbezüglich seine Gültigkeit verloren bzw. erfährt in Aufführungen eine „unablässig aktive Dynamisierung" (ebd.:73), d. h. einen ständigen Wechsel der Rollen und somit auch eine Gleichzeitigkeit von Selbst- und Fremdbestimmung (vgl. Kap. 6).

Performance als soziales Ereignis

Diese Unterbrechungszeit kann als eine Zeit des „Dazwischen" angesehen werden: sie gehörte zwar offiziell nicht zur Performance, war aber gleichzeitig wichtiger Teil von ihr, denn in dieser Zwischenzeit stand die Aushandlung der Beziehungen zwischen PerformerInnen und ZuschauerInnen im Vordergrund (vgl. Fischer-Lichte 2010a:31). Auch wenn in Performances diese Beziehungen nicht immer so explizit zum Vorschein treten, stellen sie dennoch immer auch ein soziales Ereignis dar: Jede Aufführung „läuft stets auch als ein sozialer Prozess ab, dem bestimmte Regeln zugrunde liegen. Werden diese Regeln befolgt, verschwinden sie aus dem Blickfeld. Werden neue Regeln formuliert und/oder die Regeln gebrochen, lässt sich nicht länger übersehen, dass es sich um einen sozialen Prozess handelt" (ebd.). Gerade Aufführungen der Performance Art entziehen sich häufig einer eindeutigen Rahmung, wodurch die für sie geltenden Regeln nicht klar definiert sind und der Fokus sich infolge dessen auf die soziale Dimension der Aushandlung dieser Regeln richtet: „In ihr [der Aufführung] geht es, wie verborgen auch immer, um die Aushandlung oder Festlegung von Positionen und Beziehungen und damit um Machtverhältnisse. In der Aufführung sind Ästhetisches und Soziales bzw. Politisches untrennbar miteinander verknüpft" (Fischer-Lichte 2004:68). Trotz unterschiedlicher Ausprägung wird durch den in Performances vollzogenen Rollenwechsel somit

> „etwas verhandelt, das man als Prozesse der Demokratisierung, der Neubestimmung der Beziehungen zwischen den Mitgliedern eines Gemeinwesens bezeichnen könnte. Es geht um die Verwirklichung von Bürgerrechten, um die Beseitigung auch latenter Diskriminierung, um die Teilhabe möglichst aller an der Macht. Ein solches Ziel ist allerdings nur zu erreichen, wenn einige Macht und Privilegien abgeben, damit andere ermächtigt werden können. Der Rollenwechsel läßt sich in diesem Zusammenhang als ein Prozeß von Ent- und Ermächtigung verstehen." (ebd.:80)

Dieser emanzipatorische Prozess betrifft AkteurInnen wie ZuschauerInnen gleichermaßen: Die Akteure entmächtigen sich selbst, indem sie ihren Status als alleinige Schöpfer der Aufführung aufgeben und „Autorschaft und Definitionsmacht - wenn auch in unterschiedlichem Ausmaß - mit den Zuschauern [...] teilen" (ebd.). Dadurch erfahren die Zuschauenden eine Ermächtigung, werden aber gleichzeitig auf anderer Ebene wiederum entmächtigt, indem ihnen „die Position des distanzierten, über dem Geschehen stehenden Beobachters [entzogen wird]" (ebd.).

Zusammenfassend lässt sich feststellen, dass sich die anfangs erläuterte *feedback*-Schleife im Falle von Zuschauerpartizipation und Rollenwechsel in einem äußerst gesteigerten Maße realisiert, was u. a. die Unvorhersehbarkeit der Performance erheblich verstärkt (vgl. ebd.:66) und den Blick auf die soziale Dimension der Beziehung zwischen den an der Performance Beteiligten richtet. Dabei lässt sich der Grad dieser Unvorhersehbarkeit wohl kaum spezifischen Konzeptionen der Zuschauerpartizipation zuordnen. Diese können von höchst emanzipatorischen Bestrebungen bis hin zu einer gewissen Degradierung von Zuschauern als „künstlerisches Material“ reichen. Interaktion heißt also nicht automatisch immer Partizipation, geschweige denn Emanzipation, in jedem Fall aber die Überschreitung der einstigen klaren Trennung zwischen AkteurInnen und ZuschauerInnen.

Grenzüberschreitung durch Berührung

Diese Annäherung zeigt sich in besonderem Maße dann, wenn sich die Distanz zwischen Akteur und Zuschauer nicht nur aufgrund veränderter Machtkonstellationen verringert, sondern auch ganz physisch in der Veränderung der räumlichen Bedingungen – beispielsweise dann, wenn es keine klar definierte Bühne mehr gibt und sich die PerformerInnen durch das Publikum hindurch bewegen oder wenn die Performance in einem sehr kleinen Raum stattfindet. Eine extreme Annäherung bzw. Grenzüberschreitung kommt dann vor, wenn sich Performerin und Zuschauerin gegenseitig physisch berühren – ein Akt, der auf diese Weise selbstredend nur aufgrund ihrer leiblichen Ko-Präsenz möglich ist.

War das Theater ursprünglich auf das Sehen ausgerichtet (was schon der Terminus „Theater“ von griech. „theatron“ = Raum zum Schauen, von „theasthai“ = schauen bzw. „thea“ = Schau suggeriert) und somit Sehen und Berühren als Dichotomie angelegt (vgl. ebd.:101), wird diese Grenze in der Performance Art häufig überschritten – neben einer physischen Grenzüberschreitung durch Berührung verschwimmt dadurch auch die Grenze zwischen Fiktion und Wirklichkeit (vgl. ebd.:105). Obwohl an einer Berührung zwischen Akteurin und Zuschauerin immer beide beteiligt sind, lassen sich dennoch zwei unterschiedliche „Herangehensweisen“ bzw. „Initiativen“ dieser Berührung unterscheiden: Zum einen gibt es Performances, in denen die PerformerInnen die Initiative übernehmen und eine Berührung der Zuschauenden einleiten, zum anderen können die Teilnehmenden die Berührung initiieren – oftmals aber durch die PerformerInnen dazu provoziert. Gerade diese Art der intimen Grenzüberschreitung durch Berührung stellt eine ethische Gratwanderung dar und kann schnell als übergriffig empfunden werden.

Erstere Art der Berührung erfolgte beispielsweise von November 2010 bis Februar 2011 in der Performance-Serie „Knutsch die Bullen" der russischen Künstlergruppe „Vojna" (vgl. Tolokonnikowa 2016:47): „Bei einer Serie von 'Kuss-Überfällen' wurden Polizistinnen von weiblichen *Vojna*-Mitgliedern 'aus dem Hinterhalt' geküsst" (Willems 2013:63), unter ihnen die späteren Pussy-Riot-Aktivistinnen Nadeschda Tolokonnikowa und Jekaterina Samuzewitsch (vgl. ebd.). Diese selbstermächtigende Guerrilla-Aktion richtete sich als Protest gegen ein neues Polizeigesetz (vgl. ebd.) und fand in U-Bahn-Stationen und auf der Straße statt (vgl. VoinaArhiv 2011[45]), also nicht vor „vorbereiteten" Performance-Teilnehmerinnen und wurde selbst „in Unterstützerkreisen von Vojna kontrovers diskutiert" (Willems 2013:63): Sie bewegt sich zwischen den Polen „offensichtlich sexuell übergriffige Aktion" (ebd.) und - laut Pussy Riot selbst - „Nächstenliebe des Feindes" (vgl. Tolokonnikowa 2016:47f.).

Marina Abramović dagegen schuf mit ihren Performances häufig Situationen, in denen sie die „Zuschauenden" dazu provozierte, sie zu berühren (vgl. Fischer-Lichte 2004:109): So zum Beispiel in ihrer Performance „Rhythm 0" (1974, Studio Morra, Neapel), in der sie sich während sechs Stunden völlig passiv verhielt und das Publikum alles mit ihr machen ließ (vgl. Abramović 2016:93f.): Sie stand in der Galerie hinter einem Tisch, auf dem 72 Gegenstände lagen: Eher harmlose Dinge wie eine Gabel, ein Hut, ein Stift und eine Zeitung, aber auch eine Schere, Nadeln und eine Pistole, neben der eine Kugel lag (vgl. ebd.:93). Außerdem lag auf einem Tisch ein Zettel mit Anweisungen:

> „RHYTHM 0 Instruktionen: Auf dem Tisch liegen 72 Gegenstände, die nach Belieben gegen mich eingesetzt werden können. Performance. Ich bin das Objekt. Für die Dauer der Performance übernehme ich die volle Verantwortung. […]." (ebd.:94)

45 Vgl. das Aktionsvideo: https://www.youtube.com/watch?v=l0A8Qf893cs

Damit provozierte sie die BesucherInnen nicht nur dazu, mittels der Gegenstände mit ihr zu interagieren und sie zu berühren, sondern sprach sie auch von jeglicher Verantwortung frei. Während sich in den ersten drei Stunden eher schüchterne Berührungen ereigneten,[46] eskalierte die Situation im weiteren Verlauf zunehmend (vgl. ebd.:94-98): Ein Mann nahm die Schere, schnitt ihr das T-Shirt durch und zog es ihr aus, sie wurde herumgetragen und in verschiedene (sexuell aufgeladene) Posen gebracht, mit Nadeln und Messer wurden ihr Wunden zugefügt (vgl. ebd.:94f.). Und schließlich steckte ein Mann die Kugel in die Pistole, legte sie ihr in die Hand, richtete sie an ihren Hals und legte einen Finger an den Abzug (vgl. ebd.). Daraufhin spaltete sich das Publikum in diejenigen, die sie beschützen wollten und den Mann aus der Galerie stießen und diejenigen, die forderten, dass die Performance ohne jede Einschränkung weitergehen sollte (vgl. ebd.:95f.). Eindringlicher könnte die bereits thematisierte Verwischung der Grenze zwischen Kunst und Leben, Fiktion und Realität hier nicht veranschaulicht werden.

An dieser Performance lässt sich aber nicht nur diese Dimension und diejenige der Grenzüberschreitung zwischen Akteurin und Zuschauenden mittels Berührung erkennen, sondern auch der vollzogene radikale Rollenwechsel: Marina Abramović erklärte sich selbst ausdrücklich zum Objekt und die ZuschauerInnen zu AkteurInnen. Dadurch richtet sich der Fokus auf die soziale Situation der Beziehungsaushandlung:

> „[...] was passiert war, war ganz einfach Performance gewesen. Und das Wesen der Performance ist genau das: Sie entsteht im Zusammenspiel zwischen Performer und Publikum. Ich wollte die Grenzen erforschen, wollte wissen, wie weit das Publikum gehen würde, wenn ich überhaupt nichts tat." (ebd.:98)

46 „Ich stand einfach da und starrte ins Leere, hin und wieder gab mir jemand die Rose in die Hand oder legte mir das Halstuch um die Schultern oder jemand küsste mich" (Abramović 2016:94).

Grenzüberschreitung zwischen Akteur und Zuschauer: Wer trägt die Verantwortung?

Vor allem wird an dieser Performance die ethische Dimension einer solchen Grenzüberschreitung deutlich: Sobald die Zuschauenden nicht mehr passiv sind, sondern selbst zu Agierenden werden, tragen sie auch (Mit-)Verantwortung für den Verlauf einer Performance (und dies auch, wenn Marina Abramović sie durch ihre Instruktionen scheinbar von dieser Verantwortung befreit). Denn die Performance stellt längst keine fiktive Situation mehr da, sondern ist zur – wenn auch kurzlebigen und vorübergehenden – sozialen Realität geworden (vgl. Fischer-Lichte 2004:90f.). Wenn in einem emanzipatorischen Sinne „befreite" Zuschauende zu Handelnden werden, wird ihnen also nicht nur Freiheit zugestanden, sondern sie müssen auch selbst Verantwortung übernehmen.[47] Die gemeinsame Verantwortung von AkteurInnen und ZuschauerInnen für eine Performance kann also als grundlegendes Element angesehen werden.

Mit der Überschreitung der Grenze zwischen Akteur und Zuschauer verschwimmen also auch die Grenzen zwischen Distanz und Nähe, Öffentlichkeit und Intimität,[48] Fiktion und Realität. Damit rücken soziale, politische und ethische Fragestellungen in den

---

47 Fischer-Lichte weist in diesem Zusammenhang darauf hin, dass nicht erst ein Rollenwechsel nötig sei, „um den Zuschauer zum Mit-Handelnden, zum Akteur zu machen. […] der Zuschauer als Zuschauer, d. h. als Wahrnehmender [ist] immer auch zugleich ein Handelnder, der durch sein Tun *und* das, was ihm geschieht, auf den Verlauf der Aufführung Einfluß nimmt" (Fischer-Lichte 2004:100, Hervorh. i. O.). Obwohl die Bedeutung des Zuschauers als Wahrnehmender für den Verlauf einer Performance nicht unterschätzt werden sollte, wird sein Handlungspotenzial durch physische Interaktion doch erheblich gesteigert, woraus sich auch ein gesteigerter Grad an Verantwortung ergibt. Vgl. hierzu Kap. 6.

48 Fischer-Lichte macht darauf aufmerksam, dass die Performance-Kunst der sechziger und siebziger Jahre zwar durch Berührungen zwischen AkteurInnen und ZuschauerInnen dazu beigetragen hat, die Dichotomie von Öffentlichkeit und Privatheit/Intimität zu destabilisieren und letztendlich kollabieren zu lassen, dass sich seit den neunziger Jahren allerdings eine generelle gesellschaftliche Situation entwickelt hat, in der diese Dichotomie ihre Gültigkeit verloren hat und Intimes zunehmend öffentlich geworden ist (vgl. Fischer-Lichte 2004:110) – dieses Phänomen hat sich wohl in den letzten Jahren insbesondere

Vordergrund: In vielen Performances werden „die Zuschauerrolle wie der Theaterrahmen so fraglich, dass Zuschauer nicht länger in ästhetischer Distanz ausharren können, sondern verunsichert ihr Handeln, ihren Kunstbegriff und ihre politischen Haltungen überdenken müssen" (Hruschka u. a. 2011:9).

5.4 Körperlichkeit

Der Körper als Medium der Performance Art

Wenn im vorangegangenen Kapitel von leiblicher Ko-Präsenz und Berührung die Rede war, verweisen diese nicht nur auf eine Grenzüberschreitung zwischen Akteur und Zuschauer, sondern auch auf die elementare Bedeutung von Körperlichkeit und deren Grenzüberschreitung in der Performance Art. Denn die meisten Performances realisieren sich vor allem „vermittels körperlicher Aktivität" (Benkel 2015:58) der KünstlerInnen.[49] Der Körper kann dabei als „das 'elementarste', anthropologisch 'grundsätzlichste' Ausdrucksmittel künstlerischen Tuns" (ebd:62) angesehen werden. Dieser Aspekt ist gerade aus emanzipatorischer Perspektive interessant, denn Performances bedürfen zu ihrer Realisierung nichts weiter als des eigenen Körpers, sind in dieser Hinsicht also voraussetzungsarm: Sie sind nicht auf teures Equipment – in ihrer puren Form sogar überhaupt nicht auf irgendwelche anderen Medien au-

durch soziale Netzwerke wie Facebook und Co. noch einmal zugespitzt. Zugleich kann aber bezweifelt werden, dass diese Dichotomie wirklich komplett ungültig geworden ist, wie Fischer-Lichte behauptet. In jedem Fall ergeben sich durch diese Entwicklung aber auch für Performances neue Bedingungen und Herausforderungen, wenn sie diese (scheinbar immer schmaler gewordene) Grenze noch wirkungsvoll überschreiten wollen (vgl. ebd.).

49 Nichtsdestotrotz gibt es auch Performances, in denen der Künstlerkörper abwesend ist, beispielsweise in der Performance „Ödipus, der Tyrann. Eine Befreiungsphantasie" (2012, Universität Koblenz) der Performance-Gruppe LIGNA, die diese als „Hörschaustück" bezeichnet: „Das Stück in Abwesenheit von Schauspielern, nur durch Stimmen präsentiert, wendet sich an die Besucher und fordert dazu heraus, selbst aktiv zu werden und zu experimentieren" (Bogerts 2015:103). Zwar sind die Künstler körperlich abwesend, das Publikum ist aber selbst körperlich involviert, womit auch in dieser Performance letztendlich der Körper in den Vordergrund tritt.

ßer dem Körper – angewiesen, d. h. sie können potenziell von jedem, jederzeit und überall durchgeführt werden. Die Ausdrucksmöglichkeiten des Körpers scheinen dabei nahezu unbegrenzt: „Die spielerische Freiheit, den (eigenen) Körper als Material so zu verwenden, und so zu (ver)formen, wie man selbst es erträgt oder aufzeigen will, gibt der Performance-Kunst die Möglichkeit, subversives Potenzial auszuspielen" (ebd.:75) und Wahrnehmungserwartungen zu irritieren (vgl. ebd.). Bevor dieses subversive und emanzipatorische Potenzial des Körpereinsatzes untersucht wird, sollen zunächst ein paar grundlegende Überlegungen zur Körperlichkeit in der Performance Art angeführt werden:

Der Einsatz des eigenen Körpers führt dazu, dass Körper und Performance miteinander verschmelzen:

> „Performance-Kunst stellt den Körper der Künstler in den Vordergrund des ästhetischen Handelns und setzt ihn mit dem 'Werk' häufig gleich; ähnlich wie beim Tanz fallen physisches und ästhetisches Agieren zusammen." (ebd.:57)

Der Körper der Performerin ist also gewissermaßen gleichzeitig „Werk" als auch „Werkzeug" (vgl. ebd.:60) sowie „Material" (vgl. Fischer-Lichte 2010a:37). Der menschliche Körper ist jedoch mit keinem anderen Material vergleichbar, er „stellt vielmehr einen lebendigen Organismus dar, der sich beständig im Werden befindet, im Prozess einer permanenten Transformation" (ebd.). Der Körper bringt sich also mit jeder Bewegung – nicht nur während der Aufführung – performativ selbst hervor und entzieht sich in diesem Sinne einem statischen Werksbegriff (vgl. ebd.), weshalb – wie schon gezeigt – Performances nicht als Werke, sondern als Ereignisse gelten müssen. In jedem Fall fließen in einer auf Körperaktion beruhenden Performance der Körper des Performers und seine performative Handlung zusammen: Dadurch, dass im Rahmen der Performance-Kunst

> „Körper an und mit sich etwas errichten, und somit Kunst einerseits performativ umsetzen und andererseits sind, trifft die Idee der dialektischen Vermählung von Objekt und Subjekt […] hier auf eine geradezu symptomatische Umsetzung." (Benkel 2015:60)

Hinzu kommt, dass in der Performance Art – anders als im klassischen Theater – keine Grenze mehr zwischen semiotischem Körper (einer dargestellten Rolle) und phänomenalem Leib (dem „echten" Körper des Performers) besteht[50] (vgl. Fischer-Lichte 2003:14): PerformerInnen spielen keine Rolle, sondern sind vorrangig sie selbst:[51] Sie erfahren sich (nicht nur) im künstlerischen Tun als Einheit von Körper und Person, denn „sie ist es, die in diesem Tun *in performativer Repräsentation ihrer selbst* in Erscheinung tritt" (Benkel 2015:63, Hervorh. i. O.).[52] Aufgrund dieser Selbstreferentialität könnte man – so Benkel –

> „Körpern in der Performance-Kunst unterstellen, dass sie sich selbst zitieren. Mal wird diese Zitation subtil vollzogen, mal tritt sie ungeschminkt und überdeutlich auf, und bisweilen gewährt sie tiefe Einblicke in kontroverse, tabuisierte oder schlichtweg sehr persönliche Kontexte" (ebd.:66)

---

50 Dieser Punkt betrifft die für performative Ereignisse typische Verschiebung von der Zeichenhaftigkeit zur Materialität.

51 Dies bezieht sich darauf, dass PerformerInnen in der Performance Art – im Unterschied zum Theater – „sie selbst" sind. Dieser Punkt wird in der Fachliteratur häufig angesprochen, jedoch darf m. E. nicht vergessen werden, dass auch eine Performance eine *inszenierte* und somit besondere Situation ist: Das Selbst der PerformerInnen in dieser Situation ist somit auch ein *inszeniertes* Selbst – trotz aller Verschmelzung von Kunst und Leben. Folglich ist das in einer Performance präsentierte Selbst nicht gleichzusetzen mit dem *privaten* Selbst. Diesen Unterschied und die daraus resultierende Transformation beschreibt Marina Abramović so: „Wir leben alle in dem Bewusstsein, ein kleines, privates Ich zu sein – aber sobald man den Raum der Performance betritt, handelt man von einer höheren Ebene des Selbst aus, und *man ist nicht mehr man selbst*. Man ist nicht mehr das Ich, das man kennt. Man ist etwas anderes" (Abramović 2016:83, Hervorh. i. O.). Diesen Unterschied erlebt sie vor allem in Bezug auf Schmerz: „Da spüre ich eine geistige und körperliche Transformation, wenn ich von der kleinen Marina zu der anderen, größeren Marina hinübergehe. […] Wenn ich mir in der Küche beim Kartoffelschälen in den Finger schneide, fühle ich mich sehr verletzlich und könnte heulen. Wenn ich mich vor dem Publikum verletze, macht mir das gar nichts, ich kann praktisch alles machen, es gibt kein Hindernis mehr, ich habe ein Gefühl der totalen Freiheit" (Abramović in Jappe 1993:141).

52 In diesem Zusammenhang sei auf die Differenzierung zwischen Körper und Leib hingewiesen, die Benkel so zusammenfasst: „Während der Körper für den handgreiflichen, sterblichen Part des Menschen steht, firmiert der Leib demnach als Einheit von Körper und Geist" (Benkel 2015:64). Der Leib ist also das, was Benkel hier mit „Person" umschreibt. Das selbsreferentielle Moment der Leiblichkeit betont auch Lange: „Leiblichkeit hat mit dem Empfinden und Wahrnehmen wie dem Spüren des Selbst zu tun" (Lange 2002:314).

– wodurch die Grenze zwischen Öffentlichkeit und Privatsphäre in der Performance Art einmal mehr aufgehoben wird (vgl. ebd.):[53] Der Körper „ist als 'er selbst', als 'privater Körper' sichtbar und zugleich als 'öffentlicher Handlungskörper' offensichtlich in den künstlerischen Prozess eingebunden" (ebd.:65). Aber nicht nur das Private wird durch Körperaktionen öffentlich, vielmehr handelt es sich um eine Wechselbeziehung, in der auch das Öffentliche bzw. Gesellschaftliche privat wird; denn Leib und soziales Leben beeinflussen sich stets wechselseitig (vgl. ebd.:66):

> „Der menschliche Körper ist das mikrokosmische Abbild der Gesellschaft, ihrem Machtzentrum zugewandt und in direkter Proportion zum zu- bzw. abnehmenden gesellschaftlichen Druck 'sich zusammennehmend' bzw. 'gehenlassend'." (Douglas 1986:109,54 zit. n. Benkel 2015:66)

Diese Beziehung thematisierend, waren und sind körperorientierte Performances auch häufig mit gesellschaftskritischen bzw. emanzipatorischen Zielsetzungen verknüpft:

> „Die vorherrschenden 'normalen' Körpergrenzen, -sprachen, -funktionen und -bilder wurden dabei nach ihren gesellschaftlichen Konstitutionsbedingungen, Normierungen und Beschränkungen befragt und immer wieder versuchten Performer/innen, der vorherrschenden 'Normalität' andere, 'offenere', 'befreitere', 'natürlichere' oder aber 'zeitgemäßere' Körper entgegenzusetzen." (Brunner 2008:2)

Selbstverletzung und andere Formen körperlicher Grenzüberschreitung: Selbstbefreiung und Gesellschaftskritik

Besonders die im Rahmen von Performances vollzogenen körperlichen Grenzüberschreitungen thematisieren die untrennbare Verknüpfung zwischen dem subjektiven Körper und den gesellschaftlichen Bedingungen. Körperliche Transgression ermöglicht einerseits den KünstlerInnen eine intensive Selbsterfahrung, verweist

53 Zwar zeigen sich die PerformerInnen laut Felicitas Lowinski (2014:52) nicht direkt privat, „aber oft sehr persönlich". In jedem Fall treten durch den Fokus auf den „echten" Körper der Performerin auch unweigerlich die mit ihm untrennbar verknüpften persönlichen Aspekte in den Vordergrund. Vgl. in diesem Zusammenhang auch Anm. 51.

54 Douglas, Mary (1986): Rituale, Tabu und Körpersymbolik. Sozialanthropologische Studien in Industriegesellschaft und Stammeskultur. Frankfurt a. M.

aber darüber hinaus auf gesellschaftliche Sinnzusammenhänge und geht nicht selten mit Tabubrüchen einher.

Performance-Kunst kann „in ihren extremsten Ausprägungen radikale Erfahrungen ermöglichen" (Benkel 2015:67): Körperliche Grenzüberschreitungen können verknüpft sein mit „Erfahrungen der Anstrengung und Erschöpfung [...], der Lust und der Transzendenzberührung, der ständigen Wiederholung oder der ungewöhnlichen Erlebniserweiterung" (ebd.) – sowie mit Erfahrungen der „Erniedrigung, Selbstgeißelung und Selbstentblößung" (ebd.:72). In diesem Zusammenhang ist auch die Nacktheit zu nennen, ein Motiv, dessen sich viele PerformerInnen bedienen. Nacktheit stellt den „Körper an sich" in den Mittelpunkt – minimalistisch, aufs Wesentliche reduziert. Die Unmittelbarkeit der physischen Präsenz wird somit noch unmittelbarer.[55]

Die Konzentration auf den Körper ermöglicht es vielen Performance-KünstlerInnen, Zustände des Bewussten, Kontrollierten und Rationalen hinter sich zu lassen (vgl. Lange 2002:314) – und damit der Intuition mehr Raum zu geben, wie Marina Abramović es in Rückblick auf ihre künstlerische Entwicklung in den siebziger Jahren beschreibt:

> „[...] je mehr mein Horizont sich erweiterte und je mehr die Konzeptkunst sich durchsetzte, umso mehr sehnte ich mich danach, mich bei meiner eigenen Kunst voll auf die Intuition zu verlassen. Und das bedeutete den Einsatz des Körpers – meines Körpers." (Abramović 2016:89)

55 Hier sei angemerkt, dass dem Körper, seiner Nacktheit und seinen Verletzungen im Rahmen der Performance-Kunst durchaus sehr verschiedene Bedeutungen zukommen. Selbst innerhalb emanzipatorischer Diskurse unterschieden sich die spezifischen Emanzipationsvorstellungen zum Teil stark, wodurch sich mitunter ein ambivalentes Spannungsverhältnis ergab: „Wurde beispielsweise in an *sexualrevolutionären* Diskursen verorteten Performances der nackte, enttabuisierte Körper, auch in seiner Verletzlichkeit, als letzte 'authentische' Realität und biologische 'Normalität' gegen eine auf Schein und Ideologie beruhende Kunst und Gesellschaft in Stellung gebracht (vgl. exemplarisch Günter Brus), so erforschten und entblößten dagegen *feministische* Künstlerinnen – auch als Antwort auf diesen Authentizitätskult – die gesellschaftliche Konstruktion und Normierung ebendieses vermeintlich vorgesellschaftlichen (geschlechtlichen, weiblichen) Körpers" (Brunner 2008:3, Hervorh. i. O. fett, hier kursiv).

Somit rückt mit dem Körper - selbst in ständiger Veränderung begriffen - das Prozesshafte des künstlerischen Geschehens in den Vordergrund. Zustände des Übergangs, des „Dazwischen" erhalten eine neue Bedeutung. Durch körperliche Grenzüberschreitung erzeugte Extremzustände intensivieren dies:

> „Trance, Hunger, Schmerz, Einsamkeit, Unbeweglichkeit, körperliche Anstrengungen sind für diese KünstlerInnen Wege, um einen augenblickhaften Zustand zeitloser Ganzheitlichkeit und damit einen hohen Grad von 'Im-Körper-Sein' (Marina Abramovic) zu erreichen." (Lange 2002:314)

In ihrer Autobiographie mit dem programmatischen Titel „Durch Mauern gehen" beschreibt Abramović die Schmerzerfahrung in ihren Performances als „eine heilige Tür zu einem anderen Bewusstseinszustand" (Abramović 2016:120):

> „Als ich mich peitschte, spritzte mein Blut in alle Richtungen. Anfangs war der Schmerz kaum auszuhalten. Dann ließ er nach. Der Schmerz war wie eine Wand, durch die ich hindurchgegangen war, um auf der anderen Seite wieder herauszukommen." (ebd.:102)

Den durch diesen selbst zugefügten Schmerz erzeugten Zustand empfindet sie als Befreiung: „Ich hatte die totale Freiheit erfahren - ich hatte gespürt, dass mein Körper grenzenlos war; dass Schmerz keine Rolle spielte, dass überhaupt nichts eine Rolle spielte - und es war berauschend" (ebd.:84). Wenn Schmerz hier mit Befreiung in Verbindung gebracht wird, sollte dabei allerdings ein wesentlicher Punkt nicht vergessen werden: dass die Schmerzerfahrung in diesem Kontext von den KünstlerInnen selbst herbeigeführt wird, also auf einer freiwilligen Entscheidung beruht.

Die Erfahrung von Befreiung durch Schmerz beschränkt sich aber im Rahmen von Performance Art nicht nur auf eine mögliche individuelle Selbsterfahrung, sondern ist auch in einen gesellschaftlichen Zusammenhang eingebettet: Besonders eindrücklich lässt sich diese Verbindung von Körper und Schmerz mit gesellschaftlichen Zusammenhängen an Körpermodifikationen und selbstverletzendem Verhalten im Rahmen der Performance-Kunst erkennen, welche seit den Anfängen dieser Kunstform stets eine zentrale Rolle spielten (vgl. Brunner 2008:2f.). Denn: „(Ordnungs-) Verstörende Bilder und Körper thematisieren hintergründig stets auch ein gesellschaftliches Leiden" (Benkel 2015:57). Hier lässt sich einerseits eine Brücke zu religiösen Motiven und Ritualen wie der Selbstgeißelung und in Performances stattfindenden Kreuzigungen[56] schlagen (vgl. ebd:76-79). Aber auch andere – insbesondere feministische – Performances verweisen auf diesen Zusammenhang: „Mit Schnitten ins Fleisch sollte die in Weiblichkeits- und Schönheitsanforderungen steckende patriarchale Gewalt sichtbar gemacht werden" (Brunner 2008:3). Das in Performances vollzogene Sichtbarmachen von (gesellschaftlich bedingtem) Schmerz verweist einerseits auf dieses Leiden, stellt aber gleichzeitig einen Versuch dar, sich von diesem zu befreien: Selbstverletzungen und Experimente physischer Grenzüberschreitung verkörpern „den künstlerischen Emanzipationsversuch, sich von verinnerlichten kulturellen Normen und antiquierten ästhetischen und moralischen Haltungen zu befreien" (Lange 2002:187). So kann der Akt der eigenen Schmerzzufügung auch einen Akt der Selbstbestimmung und (Wieder-)Ermächtigung des eigenen (durch gesellschaftliche Umstände entfremdeten) Körpers darstellen (vgl. Brunner 2008:1-21). Diesen Zusammenhang betont aus feministischer Perspektive auch Valie Export, die „in der Thematisierung und Inszenierung des Leides, im Enthüllen dieser schmerzlichen Spuren, die die Normierung und Zurichtung der Frauen hinterließ" (ebd.:14) auch spezifisch weibliche Emanzipationsformen sieht, durch die die Frau sich als selbstbestimmtes Subjekt ermächtigen könne (vgl. ebd.):

> „Die Freude am eigenen Widerstand, die Freude, Schmerz zu ertragen und zu überwinden, die Freude, den fremden Widerstand zu überwinden, den

56 Chris Burden beispielsweise ließ sich für seine Performance „Transfixed" (1974, Venice, Kalifornien) auf die Karosserie eines VW-Käfers nageln (vgl. Benkel 2015:78) und betrieb „damit eine buchstäblich autoaggressive Nachempfindung-qua-Performance der Selbstaufopferung Jesu" (ebd.:79). Religiöse Motive wie die Kreuzigung und religiöse (Opfer-)Rituale waren besonders präsent auch im Wiener Aktionismus, dem es „fast ausschließlich um die Befreiung von religiösen und sexuellen Tabus" (Jappe 1993:22) ging.

> Verlust zu sehen und zu spüren und darüber zu lächeln." (Export 1977:159,57 zit. n. Brunner 2008:14)

Somit kann die Selbstverletzung gleichzeitig als „Ausdruck der Entfremdung, der Dekonstruktion und der Befreiung" (Brunner 2008:16), sowie als Widerstand gegen gesellschaftlich verankerte körperliche (Schönheits-)Ideale - also fremdbestimmte Körperbilder - interpretiert werden (vgl. ebd.).[58] Diese - auch problematische - Gleichzeitigkeit von Befreiung bzw. Protest und Selbstverletzung betont auch Lange (2002:189):

> „Das große theoretische Problem der feministischen Künstlerinnen bestand darin, daß sie ihren Protest gegen das bis dahin geläufige symbolische Repräsentationssystem mit seinen stereotypen Weiblichkeitsbildern nur äußern konnten, wenn sie das 'Bild von sich' zerstörten, was zunächst immer auch gleichbedeutend mit 'Selbstzerstörung' war."

Anschaulich wird dieser Zusammenhang zum Beispiel in Marina Abramovićs Performance „Art Must Be Beautiful, Artist Must Be Beautiful" (1975, Kunstfestival Charlottenborg, Kopenhagen), die die Künstlerin wie folgt beschreibt:

> „Ich saß nackt vor dem Publikum, eine Drahthaarbürste in der einen Hand, einen Metallkamm in der anderen. Eine komplette Stunde lang bürstete ich mir, so fest ich konnte, die Haare, die ich mir dabei büschelweise ausriss, und zerkratzte mir das Gesicht, während ich gleichzeitig immer und immer wieder sagte: 'Art Must Be Beautiful, Artist Must Be Beautiful'." (Abramović 2016:107f.)

Neben der Infragestellung des weiblichen Schönheitsideals richtete sich Abramović mit dieser Performance auch gegen das Schönheitskonzept des klassischen Kunstverständnisses.[59]

---

57 Export, Valie (1977): Feministischer Aktionismus. Aspekte. In: Nabakowski, Gislind; Sander, Helke; Gorsen, Peter (Hg.) (1980): Frauen in der Kunst. Bd. 1, Frankfurt a. M.

58 Dies gilt nicht nur für feministische Aktionskunst: „Die Angriffe auf den eigenen Körper […] sind stets Angriffe auf bestehende Körpernormen und deren vermeintliche Natürlichkeit" (Brunner 2008:17).

59 „Die Performance war natürlich zutiefst ironisch. In Jugoslawien war ich mit der ästhetischen Vorgabe aufgewachsen, dass Kunst schön zu sein hatte, und das hatte ich absolut satt. Die Leute hängten sich Bilder an die Wände, die zu den Teppichen und den Möbeln passten - diese dekorative Ästhetik widerte mich an. Was Kunst anging, interessierte mich allein der Inhalt, das, was ein

Feministische Performances: Dekonstruktion des traditionellen Frauenbildes und emanzipierter Umgang mit der eigenen Sexualität

Selbstverständlich sind feministische Performances nicht zwangsläufig an Selbstverletzungen geknüpft und auch nicht unbedingt an einen Fokus auf den eigenen Körper, wobei aber dieser gerade in den Anfängen einen wichtigen Bezugspunkt darstellte:

> „Besonders die feministisch orientierten Performancekünstlerinnen wollten durch den realen Körperumgang die mehrschichtige Problematik weiblicher Subjektivität sichtbar machen. Ihre künstlerischen Bemühungen galten der Dekonstruktion des traditionellen in der abendländischen Kunst sowie des in Werbung und Medien von Männern geschaffenen, und auch von Frauen weiter getragenen weiblichen Körperbildes in seiner 'Objekt- und Bildhaftigkeit'. Dabei erschlossen sie sich mit der Körperkunst einen eigenständigen ästhetischen Raum, in dem sie zu einer großen Variationsbreite weiblicher und ästhetischer Selbstvergewisserungen gelangten." (Lange 2002:216)

Der Körper fungierte nicht nur als Medium zur Sichtbarmachung von Leid, sondern auch „als Projektionsfläche von Wünschen, Sehnsüchten" (ebd.:133): Indem viele feministische Performerinnen den weiblichen Körper in den Mittelpunkt der künstlerischen Handlung stellten, hinterfragten sie geschlechtliche Konventionen und versuchten gleichzeitig, diese positiv und selbstbestimmt umzudeuten. Damit vollzogen sie die beiden angesprochenen Dimensionen von Emanzipation als Befreiung aus einengenden Strukturen und als Erschaffung von etwas Neuem: „Sie suchten nach Sprachformen, mit denen sie die traditionellen weiblichen Körperbilder dekonstruieren und eigene, befreite Formen weiblicher Lebensvorstellungen dagegenstellen konnten" (ebd.). Eine dieser Sprachformen bestand in der „emanzipierten Darstellung selbstbestimmter Sexualität jenseits des Zerrbildes herkömmlicher 'Frauenbilder'" (ebd.:135), wie sie etwa Carolee Schneemann in ihren Arbeiten aus den frühen sechziger Jahren praktizierte (vgl. ebd.):

Werk aussagen wollte. Mit meiner Performance *Art Must Be Beautiful, Artist Must Be Beautiful* wollte ich dieses Konzept von Schönheit zerstören" (Abramović 2016:108, Hervorh. i. O.).

> „Schneemanns Arbeiten besaßen einen ausgesprochen experimentellen und sinnlichen Charakter. In ihnen kamen die weiblichen Vorstellungen von antinormativer Körperlichkeit und Sexualität sowie der Traum von einem gleichberechtigten Geschlechterdasein zum Ausdruck. [...] Sie entfaltete in ihren environmentalen Werken eine lebendige Körperlichkeit, in welcher sich der nackte Körper spontaner, motorisch-kinetischer Ausdrucksweisen bediente." (ebd.)

Der unkonventionelle – in Performances öffentliche – Umgang mit dem eigenen nackten Körper war für viele Performerinnen nicht nur ein wichtiges künstlerisches Ausdrucksmittel, sondern stellte auch einen emanzipierten Umgang mit der eigenen Sexualität dar. So konstatiert Lange (2002:140) in Bezug auf den amerikanischen feministischen Aktionismus der sechziger und siebziger Jahre:

> „Die Zurschaustellung des eigenen nackten Körpers drückte sowohl erotisches Vergnügen als auch selbstbestimmte weibliche Aktivität aus. Sie stellte einen Bruch mit dem bis dahin gesellschaftlich zugelassenen Auftreten des weiblichen Aktes, der in Kunst und Medien sowie in Nachtclubs bis dahin unter Männerherrschaft arrangiert wurde, dar."

Durch den selbstbewussten Umgang mit der eigenen Sexualität wie auch durch andere selbstbestimmte (körperliche) Ausdrucksweisen emanzipierten sich die Performerinnen nicht zuletzt auch „von der Rolle der 'Anklagenden' und 'Leidenden' zur selbstbewußt-befreiten [Frau]" (ebd.:201). Exemplarisch für diese emanzipatorische Dimension ist wiederum Marina Abramović: Die zusammen mit ihrem Lebens- und Arbeitsgefährten Ulay durchgeführten „Relation Works" (1976 – 1980) beschränkten sich nicht mehr auf das (weibliche) Leid oder auf geschlechtliche Unterschiede, sondern kreierten eine gleichberechtigte Symbiose beider KünstlerInnen (vgl. ebd.):

> „In ihrer Zusammenarbeit mit Ulay stellte sie sich grundsätzlich als Gleichberechtigte dar, die Pole in ihren Zweierperformances waren immer gleich stark. Gerade damit wurde sie für viele Künstlerinnen, für viele Frauen überhaupt, zum Vorbild: nicht mehr als die Anklagende, sondern als die gleichstarke und damit die wirklich Emanzipierte." (Jappe 1993:33f.)

Damit vollzog sich die Dekonstruktion des konventionellen Körperbildes in zwei Richtungen: „Indem sie in ihren Arbeiten zwei

Bilder dekonstruierten, das der 'Weiblichkeit' und das der 'Männlichkeit', befreien sich Abramovic und Ulay von dem, was unsere europäische Kultur dem Körper eingeschrieben hat" (Pejic 1993:1960, zit. n. Lange 2002:201).

Das mit Körperlichkeit und körperlicher Grenzüberschreitung verknüpfte subversive und emanzipatorische Potenzial kann sich besonders wirkungsvoll da entfalten, wo es nicht auf den Körper der Performerin fixiert bleibt, sondern „wo der Zusammenhang von gesellschaftlichem Kontext und Symptom [...] explizit zur Schau gestellt und thematisiert wird" (Lange 2002:201) - so wie beispielsweise in Valie Exports „Tapp- und Tastkino" von 1968.[61]

Die Zuschauerperspektive: Erfahrung fremder Schmerzen

Auch wenn in der Performance Art nicht nur durch Selbstverletzungen körperliche Grenzüberschreitungen vollzogen werden, soll der Blick noch einmal auf den Schmerz gelenkt werden, nun aber auf die Erfahrungen, die für die RezipientInnen von Performance-Kunst damit verknüpft sind:

Der Schmerz stellt ein vielschichtiges und elementares Erfahrungsfeld in der Performance Art dar, das mit verschiedenen Extremerfahrungen verbunden sein kann (vgl. Benkel 2015:67):

> „Schmerz kann belastend, aber auch lustvoll erlebt werden; er kann abhärten oder um jeden Preis vermieden werden; er kann sich unvorhergesehen ereignen oder bewusst evoziert werden. Zudem weist er eine physische und eine psychische Dimension auf." (ebd.)

---

60 Pejic, Bojana (1993): Im Körper-Sein. Über das Geistige in Marina Abramovic` Kunst. In: Meschede, Friedrich (Hg.): Marina Abramovic. Ostfildern bei Stuttgart

61 Valie Export hängte sich für diese Performance eine mit einem Vorhang versehene Kiste vor ihre nackten Brüste, welche von Passanten auf dem Münchener Karlsplatz unter dem Blick des restlichen Publikums für eine Weile ertastet werden durften. Sie realisierte so innerhalb ihrer „Expanded Cinema"-Experimente eine Art von „realem" Film, der sich zwar anders als im Kino den distanzierenden Blicken auf den nackten weiblichen Körper entzog, diesen jedoch haptisch erfahrbar machte und die an der Performance Teilnehmenden so selbst den Blicken der Umstehenden aussetzte (vgl. Brunner 2008:13): „Damit wurden nicht nur die verschiedenartigen Realitäten des Films und des Körpers, sondern zudem der immer auch geschlechtlich konnotierte mediale Blick offenbar" (ebd.).

Er stellt somit ein ganzheitliches Phänomen dar (vgl. ebd.), das leiblich verankert ist. Durch Schmerz und selbstverletzendes Verhalten in der Performance Art werden körperliche Grenzüberschreitungen vollzogen, die sich zwischen Spiel und Schock bewegen:

> „Selbstverletzendes Verhalten [...] oszilliert zwischen einem spielerischen Umgang mit den (als natürlich deklarierbaren) Eigengesetzlichkeiten des Körpers und der autonom betriebenen Offenbarung des daran geknüpften (kulturellen) Schock- und Schmerzpotenzials." (ebd.:57)

Somit stellt der Schmerz nicht nur für die Performance-KünstlerInnen eine Grenzerfahrung dar, sondern auch für das Publikum, denn dieses nimmt den Körper und seine Schmerzen zuallererst leiblich, also sinnlich (und damit im wahrsten Sinne des Wortes „aisthetisch") wahr (vgl. ebd.:57f.). Diese Erfahrungen und Reaktionen bewegen sich dabei zwischen Faszination und Abwehr, denn „[...] [a]ußerhalb der Kunst findet der Schmerz weder in der etablierten Körperkultur einen akzeptierten Platz, noch werden ihm für gewöhnlich positive oder gar schöpferische Impulse zugesprochen" (ebd.:67) - Schmerz soll „normalerweise" in erster Linie vermieden werden und auch in der Kunst dürfte seine Berechtigung umstritten sein, wenn nicht sogar einen Tabubruch darstellen. Durch die Ambivalenz der ausgelösten Emotionen befinden sich die ZuschauerInnen permanent in ebenfalls ambivalenten wechselnden Rollen:

> „In dem emotionalen Gemengelage aus Schock, Ekel, basalsten Ängsten, Mitleid, aber auch aus Faszination und sadistischer und masochistischer Lust, außerdem Wut und Empörung über den verstörenden Anblick, fungiert die Rezipient/in abwechselnd und gleichzeitig als Zeuge/in, Voyeur/in, Täter/in und Opfer und ist damit sehr aktiv ins Geschehen involviert." (Brunner 2008:4)

Der verletzte Körper kann also als Medium der Kommunikation mit dem Publikum fungieren, dessen (emotionale) Involviertheit er beschleunigt und intensiviert (vgl. ebd:16). Letztere muss sich aber nicht auf die emotionale Ebene beschränken, sondern kann auch einen - möglicherweise eingreifenden - Handlungsimpuls auslösen.

In jedem Fall werden die Zuschauenden damit konfrontiert, als Anwesende gleichzeitig mitverantwortlich für den Ablauf der Performance zu sein (vgl. hierzu auch Kap. 5.7 und Kap. 6).

Da Schmerz in der Performance Art echt ist – und nicht wie etwa im Theater lediglich gespielt wird – wird dadurch auch die Grenze zwischen Kunst und Alltag bzw. Realität durchlässig: Einerseits behält Performance-Kunst trotz der angesprochenen Involviertheit des Publikums

> „ihr Abstraktionsniveau bei, weil das absichtliche Schmerz-Zufügen eine alltagsfremde und artifizielle Angelegenheit ist, aber sie wird dadurch zugleich zu einer überaus *realistischen* Aktion, weil der 'Wirklichkeitsgehalt' von Schmerzen außer Frage steht“ (Benkel:69, Hervorh. i. O.).[62]

Damit entsteht auch ein Spannungsverhältnis zwischen der Distanz einerseits, in der sich die Zuschauenden zum fremden Schmerz der Künstlerin befinden und der gleichzeitigen Nähe durch empathisches Mitempfinden andererseits (vgl. ebd.:72): „Sie sehen in intersubjektiver Hinsicht ein, dass ein Fremdkörper leidet, der aber ein lebendiger Leib ist, wie sie selbst einer sind“ (ebd.). Dadurch werden die Zuschauenden dazu eingeladen, „die Brücke zu schlagen zwischen Selbst- und Fremdkörper, also: zwischen eigenen Schmerzerfahrungen und jenen, die auf der Bühne oder der Leinwand provoziert werden“ (ebd.:71). Somit entsteht eine Verbindung zwischen individueller Schmerzempfindung und kollektiven Schmerzbildern und -vorstellungen (vgl. ebd.:73). Durch diese Verbindung und die Unmittelbarkeit des performativen Schmerzes vermag die Performance ein drastisches Wirkungspotenzial zu entfalten: „Solche Verletzungsaktionen schaffen eine physische Unmittelbarkeit, die über das gesprochene Wort und die

62 Vgl. hierzu auch die in Kap. 5.3 erläuterte Performance „Rhythm 0“ von Marina Abramović, in der sich das Publikum in diejenigen aufspaltete, die sie beschützen wollten (und sich damit an der Realität der Situation orientierten) und diejenigen, die die Performance ohne jede Einschränkung weitererleben wollten (und sich damit auf die artifizielle Dimension der künstlerischen Aktion beriefen).

bloße Geste weit hinausreichen“ (ebd.:75f.).[63] Schmerzen und Verletzungen im Rahmen von Performances sprechen das leibliche und ästhetische Empfinden des Publikums an, sie *berühren* und lösen Gefühle aus - die in Hinblick auf diese Schmerzerfahrungen wohl kaum ambivalenter sein könnten. Im Oszillieren dieser widersprüchlichen Gefühle werden „Normalitäten und Gewohnheiten und der Blick auf den eigenen und fremden Körper radikal in Frage gestellt“ (Brunner 2008:17) - und möglicherweise konkrete Handlungen ausgelöst.

Auch noch Jahrzehnte nach den radikalen Körperaktionen der Performance-Pioniere verliert dieses Wirkungspotenzial nicht an Intensität (vgl. Benkel 2015:75), da mit Schmerzerfahrungen nicht zuletzt existenziell menschliche Empfindungen verknüpft sind. Bleiben diese Empfindungen normalerweise intim, werden sie durch Performance-Kunst an die Oberfläche geholt: „Das Publikum kommt nicht umhin, festzustellen, dass dabei etwas sonst eher Verborgenes, Unausgesprochenes, Verdrängtes in Form von Kunst als 'fremder Schmerz' betrachtbar und publik wird“ (ebd.:72). Dieses Intime öffentlich zu machen, gerade in Form von Selbstverletzungen, führt damit unweigerlich zu einem Bruch mit sozialen Normvorschriften:

> „*Eine performative Kunst des Schmerzes* ist per se etwas Unangepasstes. Einerseits entstehen dadurch bildersprachliche Assoziationen hin zur kathartischen Reinigung, zum Öffnen eines unter Druck stehenden Ventils, zum Neubeginn nach einem Einschnitt; andererseits tun sich Verbindungslinien hin zur Vernichtung auf.“ (ebd.:71, Hervorh. i. O.)

Dieses Befreiungspotenzial körperlicher Grenzüberschreitung lässt sich eindrücklich an Marina Abramovićs Performance „Freeing the Voice“ nachvollziehen, die sie 1975 im Studentischen Kulturzentrum in Belgrad aufführte und die sie folgendermaßen beschreibt:

63 Entscheidend für diese Wirkungsintensität mag der Umstand der Authentizität des Schmerzes sein: Während Gesten und Wörter meist eine repräsentative Funktion innehaben und somit vorrangig als Zeichen in Erscheinung treten, bedeutet der Schmerz in erster Linie Schmerz; er bringt sich in seiner Materialität (seiner physischen Unmittelbarkeit) also performativ hervor.

„Ich legte mich auf eine Matratze und schrie mir die Seele aus dem Leib, schrie meinen ganzen Frust heraus – über Belgrad, Jugoslawien, meine Mutter, mein Gefangensein. Ich schrie, bis ich – drei Stunden später – keine Stimme mehr hatte." (Abramović 2016:111)

Diese Form des widerständigen Protests bei Abramović bringt Marie-Luise Lange (2002:318) auch in Verbindung mit der Befreiung aus geschlechtlichen Konventionen: „Als Künstlerin ging es ihr darum, die ihrem Geschlecht kulturell auferlegten Beschränkungen des 'Du darfst' und 'Du darfst nicht' […] abzuschälen." An dieser Performance lässt sich einmal mehr erkennen, dass körperliche Grenzüberschreitungen sich immer sowohl auf einer individuellen Ebene (der Grenzüberschreitung des Künstler-Körpers) vollziehen wie auch auf kollektive Sinnzusammenhänge hinweisen, also stets in einen gesellschaftlichen Kontext eingebettet sind.

Aus dieser Verbindung ergibt sich ein großes emanzipatorisches Potenzial – nicht nur in Hinblick auf feministische Performance-Kunst, sondern auch auf das Experimentieren mit und die Umdeutung von anderen körperlich-gesellschaftlichen Konventionen: Durch körperliche Erfahrung und Experimente mit ungewöhnlichen Bewegungen können sich Menschen – nicht nur professionelle PerformerInnen – von körperlichen Konventionen emanzipieren und ihren Körper auf selbstbestimmte Weise erleben und einsetzen. Dieser Aspekt stellt eine große emanzipatorische Dimension von Performance Art dar, die nicht zuletzt ein enormes Potenzial für Performance-Projekte im Rahmen kultureller Bildung bietet.[64]

64 Zu denken ist hier z. B. an Performance-Projekte mit Menschen mit Behinderung (vgl. hierzu Schipper 2012), aber auch an andere Zielgruppen ästhetischer Bildung, wie beispielsweise Jugendliche (vgl. hierzu Lowinski 2007): „Die Erziehung zum mündigen Umgang mit der eigenen Körperlichkeit gehört grundlegend zur ästhetischen Bildung, dem Hauptziel kulturpädagogischer Arbeit. In der unmittelbaren ästhetischen Erfahrung erlangt die Körperarbeit ihre Bedeutung hinsichtlich der Persönlichkeitsentfaltung junger Menschen, und zwar nicht nur in Bezug auf ihr optisches Erscheinungsbild oder ihr biologisches Geschlecht" (ebd.:97f.). Leider kann das emanzipatorische Potenzial von Performance Art als Medium der kulturellen Bildung im Rahmen dieser Arbeit nicht vertieft werden.

5.5 Räumlichkeit

Architektonischer und performativer Raum

Wenn im performativen Kontext von Räumlichkeit die Rede ist, muss unterschieden werden zwischen dem architektonischen und dem performativen Raum: Während ersterer den spezifischen Ort einer Performance meint und unabhängig von dieser fortbesteht, bezieht sich der performative Raum auf die je spezifische Räumlichkeit bzw. Atmosphäre, die erst durch die Performance hervorgebracht wird (vgl. Fischer-Lichte 2004:187): Performative Räumlichkeit steht für „einen ständig sich verändernden Raum [...], in dem Räumlichkeit durch Bewegung und Wahrnehmung von Akteuren und Zuschauern entsteht" (ebd.:199). Während der architektonische Raum also gegeben ist, wird Räumlichkeit erst im performativen Prozess hervorgebracht - und zwar „durch die Bewegungen von Menschen, Objekten und Licht, durch die Laute, die im Raum erklingen, die Gerüche, die sich in ihm verbreiten" (Fischer-Lichte 2012:12f.). Da diese Bewegungen und Elemente flüchtig und veränderbar sind und stets von der sich zwischen Agierenden und Zuschauenden realisierenden *feedback*-Schleife beeinflusst werden, unterliegt auch die performative Räumlichkeit - anders als der architektonische Raum - einer ständigen Fluktuation (vgl. Fischer-Lichte 2010a:33-36). Räumlichkeit bezeichnet in diesem Sinne also einen sich permanent verändernden atmosphärischen Zustand, der zwar von allen Beteiligten beeinflusst, aber nicht eindeutig gesteuert werden kann. Deutlich wird hier, dass den Zuschauenden - neben den Agierenden und spezifischen Raumelementen - eine zentrale Rolle für die performative Hervorbringung von Räumlichkeit zukommt. Daraus ergibt sich das Potenzial zur Beeinflussung und Mitbestimmung der Performance durch die an ihr beteiligten Zuschauenden - die dadurch zu Handelnden werden. Räumlichkeit entsteht also - nicht nur im Theater- und Performance-Kontext - durch Bewegung und Handlung. Dieses Verständnis betont die „aktive Rolle des Menschen, der Raum herstellt und sich aneignet" (Schuster 2013:48).

Räumlichkeit und die Beziehung zwischen AkteurInnen und ZuschauerInnen

Räumlichkeit steht somit in unmittelbarer Verbindung zum Verhältnis zwischen PerformerInnen und Publikum. So wie die Beteiligten auf die Räumlichkeit von Performances Einfluss nehmen, beeinflusst umgekehrt auch die (zum Teil durch den architektonischen Raum mit hervorgebrachte) Räumlichkeit die Beziehung zwischen Zuschauenden und Agierenden; Räumlichkeit und diese Beziehung bilden also ein reziprokes Verhältnis: So lässt ein klassischer Theaterraum mit klarer Trennung zwischen Bühne und Zuschauerraum auf ein anders konzipiertes Verhältnis zwischen Agierenden und Zuschauenden schließen als eine Theaterarchitektur, die solch eine Trennung nicht vorsieht (vgl. Fischer-Lichte 2010a:33): Durch die unterschiedlichen räumlichen Gegebenheiten ergeben sich jeweils spezifische Bewegungs- und Wahrnehmungsmöglichkeiten für AkteurInnen und ZuschauerInnen, die sich wiederum auf die Atmosphäre der Räumlichkeit auswirken (vgl. ebd.).

Somit ist die räumliche Grenzüberschreitung in der Form der Erschließung neuer Aufführungsorte für Theater und Performance seit den ausgehenden 1960er Jahren – insbesondere durch die „Expanded Performances" – auch als Bestreben zu interpretieren, das Verhältnis von AkteurInnen und ZuschauerInnen neu zu definieren (vgl. ebd.): Überwiegend wurden Orte gewählt, die nicht als Aufführungsorte konzipiert waren, wie ehemalige Fabriken, Schlachthäuser, Markthallen, Einkaufszentren, Straßenbahndepots, Friedhöfe und öffentliche Straßen, Plätze und Parks (vgl. Fischer-Lichte 2004:191). Diese Orte hatten völlig anderen Nutzungszwecken gedient (oder dienten diesen noch immer) und beinhalteten somit keine klaren Vorgaben für die Beziehung zwischen Agierenden und Zuschauenden, was eine ständige Redefinition dieses Verhältnisses zuließ (vgl. ebd.:191f.). Darüber hinaus wurde das Publikum angeregt, „einen ihm vielleicht schon aus dem Alltag bekannten Ort neu wahrzunehmen und eine andere Perspektive auf diesen Ort einzunehmen" (Mittelstädt 2012:644).

Vom Theater in die Stadt: Aneignung neuer Räume

Die Abwendung von traditionellen Aufführungsorten und Aneignung von neuen Räumen entsprang (anti-institutionellen) emanzipatorischen Bestrebungen:

> „Diese Entwicklung hatte u. a. in einer generellen Kritik am Theater als einer bürgerlichen Institution ihren Grund. Sie richtete sich gegen die räumliche Unzugänglichkeit des Theaters, seine Entfremdung von der Lebens- und Arbeitswelt der Mehrheit der Bevölkerung sowie gegen eine strikte Aufteilung des Theaterraumes in eine für die Schauspieler und eine für die Zuschauer bestimmte Zone, deren Grenzen nicht zu überschreiten waren. Die Politiken, die der Aneignung neuer Räume durch das Theater zugrunde lagen, zielten entsprechend auf eine Verschiebung der Schwelle zwischen dem Theater und anderen Bereichen der Lebenswelt, auf die Ermöglichung neuer Gemeinschaften zwischen Akteuren und Zuschauern und auf eine Demokratisierung im Sinne einer partizipatorischen Demokratie." (Fischer-Lichte 2010c:133)

Denn Performances, die im öffentlichen Raum intervenieren, können potenziell jeden erreichen, sie sind keiner Elite vorbehalten oder nur gegen Bezahlung zu erleben. Mit einer räumlichen Grenzüberschreitung vollziehen sich also gleichzeitig Grenzüberschreitungen zwischen Kunst, Leben und Politik, Öffentlichkeit und Privatheit sowie eine Annäherung zwischen den Beteiligten, wodurch sich eine Vielzahl neuer Möglichkeiten und Potenziale ergibt:

> „Die Grenzen zwischen Alltags-, Medien- und Theaterräumen durchkreuzen sich auf diese Art in vielfältiger Weise und öffnen Horizonte für Möglichkeitsräume: für politische, historische und mediale Räume." (Westphal 2015:165)

Im Folgenden wird ein Schwerpunkt auf diesen politischen Möglichkeitsraum mit seinem emanzipatorischen Potenzial gelegt, wobei ein besonderer Fokus auf die Aneignung des öffentlichen, städtischen Raumes gerichtet wird. Dabei ergeben sich Fragen, die für das Verhältnis von Performance und Politik von besonderer Bedeutung sind:

> „Wie wird Öffentlichkeit im gesellschaftlichen Kontext hergestellt? Wie wird das, was wir als öffentlichen Raum bezeichnen, mit theatralen Mitteln hervorgebracht? Kann der städtische Raum selbst als Inszenierung begriffen werden?" (Matzke 2011:188)

Die performative Hervorbringung des öffentlichen Raumes

Für die Neudefinition des Verhältnisses zwischen Agierenden und Zuschauenden bietet der öffentliche Raum – in noch höherem Maße als andere Räume außerhalb von Theater und Galerien – ein besonderes Potenzial, da Agierende wie Zuschauende gleichermaßen BenutzerInnen dieses Raumes sind (vgl. ebd.:191), im Stadtraum ist also jede(r) ZuschauerIn und AkteurIn in einem (vgl. Schütz 2014a:56): „Die räumliche Entgrenzung des Theaters wird in diesem Sinne als politischer Akt verstanden mit dem Ziel eines gleichberechtigten Verhältnisses von Publikum und Akteurin oder Akteur" (Matzke 2011:189).

Gleichberechtigt sind diese aber zunächst einmal in Hinsicht auf die generelle Nutzung des Stadtraums: „Öffentlicher Raum ist zuerst durch Zugänglichkeit definiert. Er ist ein Bereich, in dem Menschen ohne Beschränkung ein- und ausgehen können. Diese Zugänglichkeit als demokratisches Prinzip ermöglicht die Begegnung verschiedener Menschen" (ebd.). Auf der anderen Seite sind öffentliche Räume aber auch „von Hegemonie und Ausschluss geprägt und die freie Zugänglichkeit von urbanen öffentlichen Räumen gilt nicht für alle Menschen gleichermaßen" (Thuswald 2012:704). Eine Gefahr liegt hierbei in der Privatisierung des Öffentlichen:

> „So breiten sich immer mehr private Räume in der Stadt aus, die ihre eigenen Zugangs- und Verhaltensregeln aufstellen und sich das Recht einräumen, einigen Bevölkerungsgruppen [...] den Zugang zu verweigern." (Schroer 2006:233ff.,[65] zit. n. Matzke 2011:196)

Aufgrund angespannter öffentlicher Haushalte werden immer mehr städtische Flächen in privatwirtschaftliche Kontrolle übergeben, sodass Investoren neue Quartiere entwerfen, bebauen und unterhalten – und dank ihres Eigentumsrechts eigene Regeln aufstellen können (vgl. Langels 2015[66]). Parks und Freiflächen werden in

65 Schroer, Markus (2006): Räume, Orte, Grenzen. Auf dem Weg zu einer Soziologie des Raums. Frankfurt a. Main: Suhrkamp, S. 233ff.

66 Otto Langels bezieht sich mit seinen Ausführungen auf die ARTE-Dokumentation "Wem gehören unsere Städte?" (2015) von Claire Laborey.

Shopping-Malls und Luxus-Wohnungen umgewandelt oder es entstehen sogar komplette privat-öffentliche Viertel (vgl. ebd.). So errichtete beispielsweise IKEA im Londoner Stadtteil Strand East nicht nur ein Möbelhaus, sondern ein komplettes Quartier mit Wohnungen, Büros, Kindergärten, Ärztezentrum und Hotels (vgl. ebd.). Ähnliche Tendenzen sind auch in anderen Städten feststellbar, wie etwa in Hamburg mit den „Business Improvement Districts" (vgl. ebd.). Das Problem: Mit der „Aufwertung" des städtischen Raums und der Stärkung der Wirtschaft durch private Firmen geht auch eine Kontrollabgabe an diese einher: Sie sind es, die die Zugangs- und Verhaltensregeln in diesen privatisierten Räumen aufstellen, welche im Extremfall so aussehen können: „Skateboardfahren, Essen und Trinken, Filmen und Fotografieren sowie jeder politische Protest sind auf privatem Grund eingeschränkt oder verboten" (ebd.).

In diesem Sinne kann der öffentliche Raum und die Stadt als Manifestation des Gesellschaftlichen verstanden werden, als Mikro-Abbild, das „in einem Ausschnitt gesellschaftliche Kräfte, ökonomische Verhältnisse und Machtkonstellationen [verkörpert]" (Schütz 2014a:45). Die Stadt verdichtet also die gesellschaftlichen Verhältnisse und damit auch ihre Gegensätzlichkeiten: „Stadt konzentriert und spiegelt die Widersprüche gegenwärtiger sozialer, ökonomischer, kultureller und politischer Verhältnisse" (Thuswald 2012:703). Welche Möglichkeiten haben BürgerInnen in Hinblick darauf (noch), den urbanen Raum mitzugestalten und ihre Interessen und Bedürfnisse einzubringen? Welches Potenzial können urbane Performances entfalten?

Doch nicht nur der privatisierte öffentliche Raum, auch der „wirklich" öffentliche Raum ist immer von Konventionen und semantischen Codes geprägt, die das „angemessene" Verhalten in ihm steuern (vgl. Schütz 2014a:56): „In der Stadt verteilt finden sich unterschiedliche Berechtigungen, Codes, Praktiken und Rollen, um an bestimmten Erfahrungen, Orten oder Gelegenheiten teilnehmen zu können" (Mörtenbeck/Mooshammer 2014:135). Deshalb ist jeder Auftritt – sei es durch Performance oder Alltagshandlungen – auch immer „ein Auftritt in einem semantischen Feld" (Schütz 2014a:56), einen neutralen Raum gibt es also nicht:

> „Das Hier als geografische Markierung kann als ein immer gleicher Ort historisch, sozial und kulturell einen jeweils anderen Raum abbilden. Raum bzw. Räumlichkeit wird generiert je nach der Weise der Nutzung, der Machtkonstellationen und der Zeitbezüge." (Westphal/Hoffmann 2007:7,[67] zit. n. Schuster 2013:9)

An der performativen Generierung von Räumlichkeit ist jeder einzelne, der sich im urbanen Raum bewegt und ihn nutzt, jeden Tag aufs Neue beteiligt (vgl. Matzke 2011:190), denn der öffentliche Raum „ist nicht einfach gegeben, sondern wird permanent umstrukturiert und reorganisiert" (ebd.). Räumlichkeit ist also immer auch abhängig von den individuellen Erfahrungen, die im Raum gemacht werden:

> „Für das anthropologische Verständnis von Raum als Umwelt sind sowohl Elemente sinnlich-leiblichen Erlebens des Raums als auch die individuellen Bedeutungszusammenhänge, die entstehen, wenn sich Erfahrungen und Erinnerungen mit Räumen verknüpfen, von Bedeutung." (Schuster 2013:47)

Durch diese ständige Überlagerung von realem Raum und individuellen Bedeutungsfeldern entsteht ein performativer „Zwischen-Raum" (vgl. Fischer-Lichte 2004:199): „Wenn sich Wahrnehmungen, Assoziationen, Erinnerungen und Imaginationen überlagern, werden reale Räume zugleich als imaginierte oder erinnerte Räume erfahren" (Schuster 2013:83, vgl. Fischer-Lichte 2004:196f.). Eigentlich handelt es sich jedoch nicht um einen „Zwischenraum", der zwischen den verschiedenen Räumen liegt, sondern vielmehr um einen Raum der Gleichzeitigkeit; um einen Raum, der Vergangenheit, Gegenwart und Zukunft miteinander verknüpft: Denn ebenso wie Erinnerungen und das momentane Erleben des Raumes eine Bedeutung für das performative Hervorbringen von Räumlichkeit haben, spielen auch auf die Zukunft gerichtete Ideen und Vorstellungen eine Rolle. Deswegen ließe sich auch von einem „Möglichkeitsraum" sprechen – der durch urbane Performances sichtbar gemacht werden kann.

---

67 Westphal, Kristin; Hoffmann, Nicole (Hg.) (2007): Orte des Lernens. Beiträge zu einer Pädagogik des Raumes. Weinheim und München: Juventa

Das Konzept der performativen Räumlichkeit kann also von einer konkreten Aufführung auf den Stadtraum übertragen werden. Weil performative Räumlichkeit immer veränderbar ist, gilt dies auch für den städtischen Raum: Anstatt Stadt als statisches Architekturobjekt zu betrachten, kann sie als Handlung, Gebrauch und Erfahrung aufgefasst werden (vgl. Schütz 2014a:50). Und genau an diesem Punkt kann Performance Art ansetzen und in einem Akt der Selbstermächtigung „für Augenblicke die herrschende Zweckrationalität und die Regularien des öffentlichen Raumes außer Kraft setzen" (ebd.). Damit kann sie die Kontingenz dieser Regularien sichtbar machen und einen „Möglichkeitsraum" herstellen, also alternative Regeln, Verhaltens- und Nutzungsweisen als möglich ins Blickfeld rücken.

Die Aneignung des öffentlichen Raumes durch urbane Performances

Während Handlungen im öffentlichen Raum meist nur dann als „sinnvoll" gelten, wenn sie durch architektonische Strukturen vorgegebenen Bewegungsmustern[68] (vgl. Matzke 2011:191) oder einer ökonomischen Zweckrationalität folgen (vgl. Schütz 2014a:56), fordert Kunst mit urbanen Performances „die bestehenden semiotischen Codes, die herrschenden Sinngebungen und ökonomischen Zweckvorstellungen mit den unterschiedlichsten Mitteln und auf den unterschiedlichsten Ebenen heraus" (ebd.). Auf eigensinnige und vielfältige Art und Weise ermächtigen die PerformerInnen sich so des öffentlichen Raumes, sei es als Einzelauftritt, kollektive Performance oder partizipatorisches Projekt (vgl. ebd.:45). Sie

68 Solche architektonischen Strukturen, die bestimmte Verhaltensregeln vorgeben, zeigen sich beispielsweise in spezifisch gebauten Häusern, Durchgängen und Treppen, die Bewegungsmuster vorgeben, Schritte und Blicke lenken und Durchgänge versperren (vgl. Matzke 2011:191): „Somit ist der städtische Raum auch immer als Inszenierung verschiedener Architekten zu lesen, die mit der materiellen Umsetzung ihres Konzepts auch immer Bewegungsformen entwerfen" (ebd).

> „arbeiten mit Masken und Kostümen, mit Posen und Positionen, sie übernehmen und konterkarieren bestehende Rollenmuster und lenken dabei parodistisch, ironisch und kritisch den Blick auf das die Stadt bestimmende Öffentliche." (ebd.)

Mal geschieht dies offensichtlich, mal aber auch sehr unscheinbar, sodass Performances im öffentlichen Raum nicht immer als solche zu erkennen sind und gerade deswegen mitunter sehr irritieren können.

> „[Es] erfolgt eine Annäherung und Durchdringung verschiedener Praxen und Diskurse bis hin zur Ununterscheidbarkeit. Kunstaktionen und soziale Praxis, Aktionismus, Artivismus und Aktivismus, Flashmob und Happening, Theater, Tanz und Architektur gehen ineinander über. Nicht zuletzt beginnt sich der Kunstbegriff aufzulösen, zumal dann, wenn die wahrnehmbare Differenz zwischen Alltagshandlungen und Kunstaktionen im Stadtraum verschwindet." (ebd.)

Während beispielsweise „Fassroll-Happenings" [69] im Stadtraum die öffentliche Aufmerksamkeit auf sich ziehen, bewegt sich „der Galerist mit dem Gartenschlauch[70] [...] an der Grenze zur Nichtbeachtung" (ebd.:48). Ob bewusst oder unbewusst, in jedem Fall können Performances neue – alltägliche wie ungewöhnliche – Erfahrungen ermöglichen, die auf die spezifische Räumlichkeit eines Ortes wirken. Zudem haben Performances, die – offensichtlich oder unscheinbar – in die Alltagsstruktur intervenieren, oft eines gemeinsam: Es „entsteht ein öffentlich wahrnehmbarer Handlungsfreiraum, in dem der Akt einer Überschreitung ins Sinnlose zelebriert wird" (ebd.) – somit unterlaufen solche „sinnlosen" Handlungen die gesellschaftlichen Konventionen von ökonomischer Sinnhaftigkeit (vgl. ebd.). Auf diese Weise loten künstlerische Performances immer wieder neue Potenziale im Stadtraum aus (vgl. Mörtenböck/Mooshammer 2014:135) und eignen sich den öffentlichen Raum auf selbstbestimmte Weise für eine alternative Nutzung an.

---

69 Vgl. Allan Kaprows Stadtraum-Happening „Transfer" (1968) und „Re-inventions" (Nachahmungen), in denen die Teilnehmenden Ölfässer durch die Straßen rollen (vgl. Schütz 2014a:48f.).

70 Vgl. von Allan Kaprow initiierte Aktion, die vorsieht, „dass ein Galerist jeden Morgen vor der Galerieöffnung mit einem Gartenschlauch den Gehsteig bewässert" (Schütz 2014a:48).

Die Erscheinungsweise, Themen und Ziele solch einer Aneignung können dabei sehr vielfältig sein und von der selbstermächtigenden Verschönerung des Stadtraums (z. B. durch Guerilla-Gardening[71] und Guerilla-Knitting[72]) über humorvolle, spielerische und kritische Interventionen bis hin zu politischer Protest-Performance und temporärer Besetzung (wie z. B. im Falle der Zeltstädte der Occupy-Bewegung[73]) reichen. Eines haben aber alle Aktionen gemeinsam:

> „[Sie nutzen] die Unmittelbarkeit der physischen Begegnung und den multisensorischen Erfahrungsraum, der durch Performance geschaffen wird, um der zunehmenden Privatisierung des öffentlichen Raumes entgegenzuwirken und diesen als einen Ort der bürgerschaftlichen Begegnung und Interaktion zu revitalisieren." (Wiegmink 2014:120)

Die Aneignung des öffentlichen Raumes hat also eine Re-Humanisierung zum Ziel, durch die das Private von zwischenmenschlichen Begegnungen der ökonomischen Privatisierung entgegengesetzt wird. Häufig inspiriert von der in den neunziger Jahren in London initiierten Bewegung „Reclaim the Streets" soll der öffentliche Raum „zurückerobert" werden und (wieder) für *alle* Menschen frei zugänglich gemacht werden, indem zum Beispiel Straßen und Parkplätze durch Sofas, Rollrasen und andere Requisiten zum Vorgarten oder Wohnzimmer der PassantInnen umfunktioniert werden (vgl. Schütz 2014a:69 und MoRUS 2015). So werden zum Beispiel ein Parkplatz zum Schlafplatz (Mark Jenkins, 2008, Winston Salem), ein Baustellencontainer zum Swimmingpool (Oliver Bishop-Young: „Skip Conversions", 2008, London) und Bushaltestellen zu Mini-Spielplätzen mit Schaukeln (Bruno Taylor: „Playful Spaces") umdefiniert (vgl. Schütz 2014a:70). Obwohl solche Aktio-

71 Ziel von Guerilla-Gardening ist es, Pflanzensamen über die ganze Stadt zu verstreuen und sie so zu begrünen (vgl. Schütz 2014a:71).

72 Mit Guerilla-Knitting werden Straßenelemente wie Zäune und Laternen eingestrickt oder eingehäkelt.

73 Körperlich und räumlich präsente Protest-Bewegungen wie Occupy können im wahrsten Sinne des Wortes als „Bewegung" verstanden werden: „das Wort 'Bewegung' [ist] durch die körperlichen, szenischen und choreografischen Aktionen nicht nur metaphorisch, sondern wörtlich zu nehmen" (Klein 2014:150).

nen häufig von KünstlerInnen initiiert werden, sind sie jedoch keineswegs diesen vorbehalten: Alle Menschen können mit minimalen Mitteln Situationen und Arrangements erzeugen, die die gängigen Konventionen des öffentlichen Raumes unterlaufen. Dafür müssen sie keine ausgewiesenen KünstlerInnen sein, sondern brauchen lediglich eine Idee bzw. ein Anliegen. Ein Zusammenschluss zu einem offenen Kollektiv kann häufig dazu beitragen, die Scheu vor solch einer Grenzüberschreitung zu verlieren. Aus emanzipatorischer Sicht können sich Menschen durch solche Performances oder performative Installationen sowohl aus geltenden Normen (zumindest temporär) *befreien* als auch neue selbstbestimmte Erfahrungen und Situationen *erschaffen*. Diese beiden Ebenen von Emanzipation betonen auch Peter Mörtenböck und Helge Mooshammer (2014:134):

> „Ziel der gemeinsamen symbolischen Aktion ist ein Eingriff in die Logik sozialer und ökonomischer Organisation. Auf dieser Suche nach neuen und vor allem selbstbestimmten Sinnzusammenhängen in der vorhandenen Landschaft des Ökonomisch-Sozialen bieten sich Experimente im Stadtraum als eine wichtige Sondierungsebene an: zum einen durch die Möglichkeit eines temporären Entkommens aus den uns abverlangten Rhythmen, Produktions- und Beziehungsmustern; und zum anderen durch das Herstellen alternativer Bedeutungsfelder und neuer Maßstäbe."

Auch wenn urbane Performances meist nur temporär intervenieren, haben sie dennoch die Kraft, solche alternativen Bedeutungsfelder zu schaffen und letztlich dadurch Räumlichkeit umzudefinieren.

Politische Protest-Performances im öffentlichen Raum

Der städtische Raum ist aber nicht nur Spielwiese für künstlerische Performances. Denn wer „auf die Straße geht", der geht demonstrieren: die Straße ist also auch der Ort der (politischen) Meinungsäußerung (vgl. Schütz 2014b:42), sie ist gleichzeitig „Austragungsort und Gegenstand gesellschaftlicher Konflikte und politischer Kämpfe" (Thuswald 2012:703).

Deshalb bietet sich der öffentliche Raum als Ort für Performances an, die politische und gesellschaftliche Kritik hör- und sichtbar machen möchten. Die Überschreitung des abgegrenzten

Raumes eines Theaters oder einer Galerie intendiert hier somit nicht in erster Linie eine (aufführungsinterne) Demokratisierung des Verhältnisses zwischen AkteurInnen und Publikum, sondern möchte möglichst viele Menschen mit ihrer Botschaft erreichen – und zwar genau dort, wo diese Botschaft auch ankommen soll: „Protest-Performances […] wenden sich an ein unvorbereitetes, zufälliges Publikum und intervenieren [...] in eben jene Prozesse, die die Aktivisten kritisieren“ (Wiegmink 2014:119) – für konsumkritische Performances können dies zum Beispiel Einkaufszentren sein oder der Zuccotti Park im New Yorker Finanzdistrikt für die Bewegung „Occupy Wall Street“. Konsequent wird diese Strategie auch von den Aktivistinnen der russischen Punk-Performance-Gruppe Pussy Riot verfolgt, die sich als künstlerisches, feministisches und politisches Kollektiv versteht, das „die Beseitigung autoritärer Tendenzen im russischen Staatssystem durch Schaffung einer Zivilgesellschaft“ (Tolokonnikowa 2012a:46) anstrebt: Ihre guerilla-artigen Performances fanden nie in Clubs oder Konzerthallen statt, sondern immer an öffentlichen Plätzen: in der U-Bahn, auf dem Dach eines Busses, auf dem Dach eines Untersuchungsgefängnisses, in Nobelboutiquen, in der Moskauer Christ-Erlöser-Kathedrale oder auf dem Roten Platz (vgl. ebd.). Neben der bewussten Ortswahl zur Adressierung einer spezifischen Kritik, verknüpft sich mit Pussy Riots Auftritten im öffentlichen Raum auch die emanzipative „Überzeugung, dass […] Kunst jedem zugänglich sein sollte“ (ebd.). Indem Protest-Performances also in reale Orte eingreifen, lösen sie sich aus der Distanz einer nur repräsentativen Kritik:

> „Protest-Performance gibt sich nicht mehr damit zufrieden, Protest durch Theaterrequisiten und -kostüme ansprechend zu machen oder von der Distanz eines gesellschaftlich klar abgegrenzten kulturellen Orts, dem Theater, politische Gegebenheiten zu kritisieren; sie wird zu einer kulturellen Praktik, die aktiv in soziale Realitäten interveniert und diese mitbestimmt.“ (Wiegmink 2014:115)

Protest kann also generell als „cultural performance“ aufgefasst werden: „Protest ist performativ, weil er ein vergängliches Ereignis darstellt, in dem Akteure ihren Widerstand gegen eine bestimmte politische Situation oder Entscheidung in der Öffentlichkeit, d. h.

vor einem Publikum artikulieren" (ebd.:111). Die Akteure des Protests bilden aber keine geschlossene Gruppe, sondern vielmehr dynamische und offene Kollektive, denen sich Menschen selbstbestimmt anschließen können. Somit ist die Zuschauer-Partizipation kein von Agierenden für eine Aufführung festgelegtes Element oder Ziel: Selbstermächtigung und Emanzipation bleiben nicht auf die Dauer einer Aufführung beschränkt, sondern sind konstituierende Elemente von performativem Protest, der „den öffentlichen Raum als eine Arena [nutzt], in welcher die Akteure ihr bürgerschaftliches Recht auf politische Teilhabe vollziehen" (ebd.:120).

Protest ist aber nicht „nur" eine „kulturelle Aufführung", sondern bedient sich selbst auf vielfältigste Weise künstlerischer und theatraler Elemente, weshalb eine Unterscheidung zwischen politischer Performance-Kunst und künstlerischem Prostest häufig gar nicht mehr möglich ist: „Ästhetisches und Politisches [wirken] in den neuen Protestformen zusammen, und zwar im Sinne einer gleichzeitigen und ineinander greifenden Bewegung einer Ästhetisierung des Politischen und einer Politisierung des Ästhetischen" (Klein 2014:148-150). Durch diese untrennbare und dynamische Verschränkung wird Performance „zu einer kulturellen Praktik, die sich durch ihre Un-Unterscheidbarkeit von anderen sozialen, kulturellen und vor allem von politischen Prozessen charakterisiert" (Wiegmink 2014:115).[74]

Die politische Bedeutung von Körpern im öffentlichen Raum

Da der öffentliche Raum – im Gegensatz zu anderen Untergruppen des Öffentlichen wie dem medialen oder virtuellen Raum – durch körperliche Anwesenheit charakterisiert wird (vgl. Schütz 2014a:56), kommt auch der Körperlichkeit von (Protest-)Performances im öffentlichen Raum eine bedeutende Rolle zu, denn Menschen können sich einen physischen Raum nur durch die physische Präsenz ihrer Körper aneignen: Protest wird in diesem Sinne „erst performativ hervorgebracht, indem die Körper den öffentlichen

74 Diese Überlappung von ästhetischen und politischen Elementen spiegelt sich nicht zuletzt im englischen Begriff „to act" wider, der sowohl das inszenierte Handeln („schauspielern") als auch faktisches Handeln umfasst.

Raum besetzen und dessen Ordnungen unterlaufen" (Klein 2014:150). Somit sind Körper zwar einerseits symbolische Zeichenträger des Protests, aber vor allem selbst Akteure von Handlungen (vgl. Wiegmink 2014:112). Die symbolische und die phänomenologische Ebene von Körperlichkeit überschneiden und beeinflussen sich also in Bezug auf die Ermächtigung des öffentlichen Raumes: „Die physische Inanspruchnahme des Rechts auf Stadt und die symbolische Inanspruchnahme von Machträumen agieren auf diese Weise als wechselseitige Wegbereiter" (Mörtenböck/Mooshammer 2014:127).

Auch Judith Butler betont „die entscheidende Rolle von Körpern im Ausüben von Rechten" (ebd.:123), denn durch eine körperliche Besetzung von (Macht-)Räumen wird eine Teilhabe an diesen nicht bloß gefordert, sondern real, also physisch, bereits vollzogen und somit auf selbstermächtigende Weise performativ hervorgebracht (vgl. ebd.). Eine besondere emanzipatorische Dimension besteht darin, dass gerade Menschen durch Protest-Performances gemeinsam körperlich und räumlich sichtbar werden können, die normalerweise nicht sichtbar sind bzw. von der „herrschenden Ordnung" nicht gesehen werden wollen:

> „Das gemeinsame In-Erscheinung-Treten von Körpern, ihr Gestalten des von Hannah Arendt als *Erscheinungsraum* titulierten politischen Raums, ist, so Butler, unabdingbarer Teil dessen, wie politische Forderungen gestellt werden können." (ebd.)

Die radikale politische Wirkkraft körperlicher und räumlicher Präsenz von Performances lässt sich auf eindrückliche Weise am „Stehenden Mann" nachvollziehen: Der türkische Tänzer und Choreograf Erdem Gündüz verharrte nach der gewaltsamen Auflösung der Gezi-Proteste im Juni 2013 als „Duran Adam" („Stehender Mann") stumm und unbeweglich vor dem am Taksim-Platz aufgehängten Riesenbild von Atatürk (vgl. Lange 2015:119 und Schütz 2014a:56). Seine Aktion fand schnell NachahmerInnen und so gelang es ihm, „eine langsam aus Menschen anwachsende, friedliche Protestskulptur zu schaffen" (Lange 2015:119). Zitiert wurde der „Duran Adam" nicht nur durch die körperliche Präsenz anderer still verharrender Menschen, sondern auch durch das stellvertretende Aufstellen von Schuhen (vgl. ebd.:131). Hierin zeigt sich einmal mehr der gleichzeitige symbolische wie faktische Widerstand durch ästhetische Performance. Zudem demonstriert die Aktion, „mit welch minimalen Mitteln Unterbrechenssituationen generiert werden können" (ebd.:119f.). Emanzipatorische Akte sind also nicht von aufwendigen Mitteln abhängig, sondern können sich wie hier bereits „durch die einfache Geste des 'Stehens' und 'Schauens'" (ebd.:120) verwirklichen.

Die „Kraft der Wiederholung"

Besondere politische Kraft erhält diese Performance dabei durch ihre Wiederholung, die dank der wirkungsvollen Einfachheit des Standbildes von so vielen Menschen realisiert werden konnte. In dieser Protestaktion zeigt sich, dass die anfänglich in Bezug auf Butler thematisierte „Kraft der Wiederholung zur Veränderung von Wirklichkeit" (vgl. Kap. 3) nicht nur diskursiv, sondern auch auf körperlicher und räumlicher Ebene immense Wirkung entfalten kann. Eine Einzelaktion kann so zur kollektiven Performance werden, in der die unterschiedlichsten Menschen „durch die ästhetische Dramaturgie des Sichtbarmachens von Andersheit als Multitude zusammenfinden" (ebd.) – um beispielsweise wie hier in einem Akt „politisch motivierter Selbstermächtigung" (ebd.) ihren Widerstand sichtbar zu machen – und dadurch Wirklichkeit performativ hervorbringen und verändern. Der einzelne emanzipatorische Akt von Erdem Gündüz hat durch seine performative Wiederholung also einen Prozess kollektiver Emanzipation (in Form der kollektiven Protestkultur) in Gang gesetzt.

Auf eine andere Ebene der „Kraft der Wiederholung" im Performance-Bereich verweist Heinz Schütz, der Santiago Sierras künstlerische Methode als „Kritik durch Wiederholung" betrachtet (vgl. Schutz 2014a:64). In der Aktion „Obstruction of a Freeway with a Truck's Trailer" blockierte Sierra im November 1998 mit einem Lastwagen für fünf Minuten den Verkehr auf einer der meist befahrenen Straßen von Mexiko City (vgl. ebd.):

> „Seine Stauerzeugung wiederholt, was das bestehende System täglich hervorbringt, wobei es die im intentional produzierten Stau offen zu Tage tretende Sinnlosigkeit zur Notwendigkeit erklärt und als 'systemrelevant' naturalisiert." (ebd.)[75]

Die „Kritik durch Wiederholung" vollzieht sich in diesem Fall also durch eine Wiederholung bzw. Überspitzung des zu Kritisierenden, womit dieses ad absurdum geführt wird.[76] Somit kann Performance die räumliche und körperliche Kraft einer „Kritik durch Wiederholung" auf mindestens zwei Arten nutzen: zum einen durch die (übertreibende) Wiederholung eben jener Praxis, die sie kritisiert und zum anderen durch die Wiederholung von Handlungen, die dieser Praxis entgegengesetzt sind.

Diese „übertreibende Wiederholung" findet sich mitunter auch im Rahmen von Protest-Performances wieder, die durch den Einsatz theatraler und ästhetischer Mittel wie Masken und Kostüme eine humorvolle und lustvolle Form von Protest und parodistischer Nachahmung finden:

> „Diese Protestformen setzen in ihrer Artikulation von Kritik nicht auf erbitterten Abwehrkampf, sondern auf eine grundlegende Uneindeutigkeit, die dadurch zum Ausdruck kommt, dass alles das, was die persönliche Lebensordnung prägt, temporär aufgehoben ist - karnevaleske Umzüge, spontanes Lachen, Spott und lustvolle Freude ersetzen die normativen Rituale von Ehrfurcht, Autorität und Etikette; die Welt wird auf den Kopf gestellt." (Mörtenböck/Mooshammer 2014:133)

---

75 Ob diese Aktion in dieser Weise gelesen worden ist bzw. im Moment ihrer Durchführung überhaupt als künstlerische Aktion interpretiert worden ist, bleibt jedoch fraglich. Hier zeigt sich einmal mehr die Verquickung von Performance mit dem Alltäglichen und die so erzeugte oft uneindeutige und irritierende Wirkung.

76 Exemplarisch für diese Methode der überspitzenden Wiederholung steht auch Christoph Schlingensiefs prominente Kunstaktion „Bitte liebt Österreich - erste österreichische Koalitionswoche" (auch bekannt unter dem Namen „Ausländer raus!"), die im Rahmen der Wiener Festwochen 2000 stattfand. Als Kritik gegen die fremdenfeindliche Politik der rechtspopulistischen FPÖ (damalige Regierungspartei) reproduzierte bzw. vergrößerte er die gängigen Mechanismen, indem er AsylbewerberInnen in einem Container überwachen und durch Publikumsentscheid (fiktiv, aber gut inszeniert) abschieben ließ. Außerdem skandierte er selbst FPÖ-Parolen und machte die offensichtliche - aber nie explizit so benannte - Haltung der FPÖ durch ein großes Schild mit dem Slogan „Ausländer raus!" sichtbar (vgl. hierzu auch den Film zur Aktion: „Ausländer raus! Schlingensiefs Container" von Paul Poet, 2002).

Die affektive Dimension von performativem Protest

Solch humorvoller Protest „verwandelt eine didaktische Ausführung über soziale und politische Übel in ein ansprechendes Ereignis und betont die affektive Dimension demokratischer Politik" (Wiegmink 2014:118). Protest muss also keine ernste Angelegenheit sein, sondern kann seine Wirkung auch durch eine humorvolle Inszenierung entfalten, durch die die affektive Dimension angesprochen wird. Genau an dieser Stelle liegt m. E. das Potenzial von Performance: Sie erzeugt ästhetische Situationen, die die leibliche, sinnliche und emotionale Ebene ansprechen und kann daher auf andere Art und Weise wirken und verändern als rationale Kritik:

> „Anstatt diese affektive Dimension als etwas per se Irrationales und deshalb als Politik entgegengesetzt abzutun, nutzt Protest-Performance diese Möglichkeiten und artikuliert Protest nicht in Form rationeller Argumentation, sondern durch parodistische Nachahmungen und die Erzeugung theatraler Situationen." (ebd.:119)

Allerdings muss man sich in Anbetracht dieses affektiven Verständnisses von Politik und Kunst auch der Gefahr von emotionaler Manipulation bewusst sein (z. B. in Form von Rechtspopulismus). Letztlich bestätigt diese Gefahr aber wiederum das enorme Wirkungspotenzial, das von emotionalen, sinnlichen und ästhetischen Erfahrungen ausgeht und das auch im Sinne demokratischer Prozesse genutzt werden kann.

Die Ausweitung auf den medialen Raum

Nicht zuletzt verfolgt die Ästhetisierung und Theatralisierung von urbanem Protest auch das Ziel einer medienwirksamen Inszenierung: Es werden ästhetische Ereignisse geschaffen, „die durch mediale Aufmerksamkeit die Weiterverbreitung der politischen Agenden der Aktivisten sicherstellen sollen" (ebd.:118).[77] Die räumliche

77 In diesem Sinne kann die Protest-Performance zwar als Spektakulisierung von Protest angesehen werden, jedoch auch als wichtige Form einer Neu-Konfiguration des von Guy Debord geprägten Begriffs des Spektakels: „Protest-Performance verändert die Bedeutung des Spektakels von etwas, was vorher einen Zustand passiven Konsumierens und menschlicher Entfremdung bezeichnete, hin zu einem Werkzeug bürgerschaftlicher Ermächtigung. Sie ist eine Aufführung, welche von Bürgern für Bürger inszeniert wird" (Wiegmink 2014:120).

Grenzerweiterung beschränkt sich also nicht auf die Aneignung des öffentlichen städtischen Raumes, sondern erweitert sich dadurch auf den öffentlichen medialen und virtuellen Raum, wodurch beide auf engste Weise miteinander verzahnt werden und eine sich wechselseitig bestärkende Wirkung entstehen kann: Denn die mediale Verbreitung kann wiederum Menschen dazu motivieren, „real" – also körperlich und räumlich – an Performances bzw. Protest teilzunehmen. Durch die Nutzung des medialen Raums können sich Menschen außerdem auch *vor* der Realisierung einer urbanen Performance zusammenschließen und diese gemeinsam organisieren, wie es beispielsweise im Falle von Flash-Mobs der Fall ist, die nur durch ihre Online-Ankündigung funktionieren.

Zwischenfazit: Das emanzipatorische Potenzial urbaner Performances

Zusammenfassend lässt sich feststellen, dass die räumliche Grenzüberschreitung durch Performances im öffentlichen Raum auf den unterschiedlichsten Ebenen emanzipatorisch wirken kann: Zum einen ermöglichen sie durch die Wahl „untypischer" Orte eine Neu-Aushandlung des Verhältnisses zwischen Agierenden und Zuschauenden, zum anderen reichen die Emanzipationsmöglichkeiten in kollektiven Performances wie Flash-Mobs und vor allem Protesten weit über die konkrete Aufführungssituation hinaus: Doch

> „beiden – den politisch motivierten Protest- und Demokratiebewegungen als auch den künstlerischen Performances der sozialen und ortsspezifischen Interventionskultur – geht es darum, den Citoyen als mündigen Bürger herauszufordern und neue Formen des Kollektiven zu entwickeln." (Lange 2015:124)

Damit bieten Performances auch die Chance, dass sich Menschen wieder in einer realen „Gemeinschaft" zusammenfinden um kollektive Handlungsformen zu erproben und ihre Umwelt aktiv mitzugestalten. Kollektive performative Bewegungen können in diesem Sinne als Zusammenschluss sich selbstermächtigender und emanzipierender Individuen betrachtet werden, die sowohl Widerstand leisten - sich in diesem Sinne also von etwas zu befreien versuchen - als auch „neue Formen der 'freien' Selbstorganisation" (Albrecht u. a. 2012) entwickeln (vgl. Kap. 2):

> „Protestkulturen sind insofern nicht nur Gegenbewegungen, sondern immer auch selbst Experimentierfelder des Sozialen und Politischen. Denn Politik als konkrete sinnliche Tätigkeit erfordert die Schaffung kollektiver Identitäten - und diese sind allein über flüchtige und unverbindliche Netzwerke und ihre Politiken nicht herstellbar. Sie werden vielmehr erfahrbar als performative Praxis der Körper im urbanen Raum." (Klein 2014:157)

Das besondere emanzipatorische und politische Potenzial von urbanen Performances liegt also in ihrer räumlich-körperlichen Präsenz und ästhetischen Wirkkraft, durch die gesellschaftliche Prozesse sinnlich erfahrbar und dadurch bereits real vollzogen werden, anstatt auf diskursiver und rationaler Ebene lediglich repräsentiert zu werden. Im Sinne Rancières machen künstlerische (Protest-)Performances so „den geforderten Raum der Teilhabe der bislang Unsichtbaren und Ungehörten ästhetisch sichtbar und sinnlich erfahrbar" (Lange 2015:124, vgl. Rancière 2008). Somit scheint Protest-Performance nicht nur „Ausdruck einer bürgerschaftlichen Sehnsucht nach Teilhabe an zeitgenössischen politischen Diskursen" (Wiegmink 2014:120) zu sein, sondern realisiert diese Teilhabe bereits: Menschen, die urbane Performances vollziehen, warten nicht darauf, dass ihnen das Recht dazu zugesprochen wird, sondern nehmen es sich auf eigenmächtige und selbstbestimmte Weise, indem sie sich körperlich eines physischen Raumes ermächtigen. Durch die damit einhergehende Störung der konventionellen räumlichen Ordnung entstehen neue Bedeutungsfelder, die aufgrund der untrennbaren Verknüpfung zwischen Räumlichem und Gesellschaftlichem sowohl die spezifische örtliche Räumlichkeit umdeuten als auch gesellschaftliche Prozesse in Gang setzen können. Emanzipation findet also durch den Akt der räumlichen Aneignung zum einen bereits statt und hat darüber hinaus das Potenzial, sich auf eine umfassendere gesellschaftliche Ebene zu erweitern. Auch wenn Performances im öffentlichen Raum meist nur temporär stattfinden - und auch in Form von besetzten Plätzen meist von begrenzter Dauer sind - können sie dennoch nachhaltig wirken: Denn die räumliche Verortung ermöglicht sinnliche und sichtbare Erfahrungen, die wiederum andere Prozesse in Gang setzen können – auch über die Dauer der eigentlichen Performance hinaus (vgl. Mörtenböck/Mooshammer 2014:127).

5.6 Konventionen und Tabus

Durch vielfältige Grenzüberschreitungen unterläuft Performance Art mal spielerisch, mal ironisch, irritierend oder radikal provozierend gültige Konventionen. Mit dieser Infragestellung verbindet sich für die PerformerInnen meist der emanzipatorische Versuch einer Befreiung aus gesellschaftlichen Konventionen, die sowohl auf individueller Ebene angesiedelt ist als auch eine gesellschaftliche Veränderung anstrebt.

Die Kontextabhängigkeit von Konventionen und Tabus

Ob die performativen Handlungen allerdings überhaupt eine Subversion von Konventionen oder gar einen Tabubruch darstellen, ist dabei maßgeblich von den Reaktionen der RezipientInnen und diese wiederum vom entsprechenden Kontext abhängig: Während spezifische Performances in bestimmten räumlichen, historischen, gesellschaftlichen und kulturellen Kontexten eine Grenzüberschreitung von Konventionen und Tabus bedeuten und mitunter sogar einen Skandal auslösen, kann ihre Rezeption und Interpretation in anderen Kontexten ganz anders ausfallen. Für die Bedeutung des räumlichen Kontextes nennt Matzke (2011:190) exemplarisch eine performative Handlung:

> „Tanzt beispielsweise an einem normalen Nachmittag jemand allein auf dem Bürgersteig, dann irritiert dieses Bild. Es ist ein Verhalten, das nicht typisch ist für die Umgebung. An einem anderen Ort würde dieses Tanzen nicht auffallen."

Durch Ortswechsel können also Irritationen erzeugt werden, die wie hier spielerisch die Konventionen des öffentlichen Raumes unterlaufen. Einen radikaleren (nicht nur räumlichen) Tabubruch begingen Pussy Riot mit ihrem „Punkgebet" unter dem Titel „Jungfrau Maria, räum Putin aus dem Weg!" am 21. Februar 2012. Als Ort der letztendlich nur vierzig-sekündigen Performance – in der die Aktivistinnen in bunten Kleidern und Sturmmasken tanzten, niederknieten, sich bekreuzigten, sangen und Gitarre spielten[78] – wählten sie bewusst nicht die Straße, sondern die Kanzel der Moskauer Christ-Erlöser-Kathedrale,[79] welche Geistlichen vorbehalten ist und zu der Frauen der Zutritt strengstens untersagt ist (vgl. Pussy Riot 2012:17). Mit dieser provokanten Ortswahl kritisierten sie den Schulterschluss zwischen der russisch-orthodoxen Kirche und Putins Regierung – insbesondere die öffentliche Unterstützung der Wiederwahl Putins durch den Patriarchen Kyrill – sowie das konservative Weltbild der Kirche (vgl. ebd.).[80] Der räumliche Kontext der Performance stand also in unmittelbarem Verhältnis zur inhaltlichen Kritik und spitzte den Tabubruch noch einmal erheblich zu, der zu einer Verurteilung der Aktivistinnen und zu weltweiten Reaktionen (Kritik ebenso wie zahlreiche Solidaritätsbekundungen und -aktionen) führte.

Auch Marina Abramović befragte mit „Seven Easy Pieces" (2005, Guggenheim Museum, New York) – neben der Frage nach Wiederholbarkeit und Dokumentation von Performances und der Bedeutung des Urheberrechtes – den (zeitlichen und institutionellen) Kontext der Aufführungssituation, indem sie wegweisende Performances von Joseph Beuys, Gina Pane, Vito Acconci, Bruce

---

78 Vgl. das Video des Punk-Gebets, das jedoch – wie andere Pussy-Riot-Videos – keine reine Dokumentation darstellt, sondern mit weiterem Material zusammengeschnitten ist und somit zum eigenständigen Kunstwerk wird, durch welches die eigentliche Performance erst eine derartige Beachtung fand (vgl. Weltzien 2015:142f.): https://www.youtube.com/watch?v=ALS92big4TY (O. V. 2012).

79 weltweit größter orthodoxer Kirchenbau und Symbol für die Verbindung von Staat und Kirche in Russland (vgl. Gabowitsch 2013:187)

80 „Tatsache ist, dass die Kirche ein sehr konservatives Weltbild fördert, das nicht zu Werten passt wie Wahlfreiheit, Ausbildung einer politischen, geschlechtlichen oder sexuellen Identität, kritischem Denken, Multikulturalismus oder Wertschätzung der zeitgenössischen Kultur. Es kommt uns so vor, als ob es der orthodoxen Kirche derzeit an all diesen Werten mangelt" (Pussy Riot 2012:17f.). Mitglieder von Pussy Riot sind z. T. selbst religiös und richten sich nicht gegen die Religion, sondern gegen den Missbrauch des Glaubens durch die Institution Kirche und weisen den Vorwurf der Anstiftung zu religiösem Hass vehement zurück (vgl. Tolokonnikowa 2012b:105-119). Sie betonen immer wieder, dass ihre Beweggründe keinesfalls antireligiös, sondern politisch und künstlerisch motiviert seien (vgl. Frimmel 2015:278; Tolokonnikowa 2012b; ebd.:2016).

Nauman, Valie Export und eine eigene reinszenierte (vgl. Abramović 2016:356-363): Während beispielsweise Valie Exports Performance „Aktionshose Genitalpanik" (1968/69, München) damals einen radikalen Tabubruch darstellte,[81] erbrachte die museale Wiederaufführung (und damit der Rahmen des Museums) durch Abramović „den Beweis, [...] dass zu Beginn des 21. Jahrhunderts diese Form künstlerischen Ausdrucks in den Kanon eingebunden und museal geworden war" (Weltzien 2015:145).[82]

An diesen Beispielen wird deutlich, dass Grenzen, Konventionen und Tabus keine natürlichen Gegebenheiten darstellen, sondern stets von veränderbaren Faktoren, wie dem gesellschaftlichen, räumlichen und zeitlichen Kontext abhängen - und darüber hinaus auch innerhalb desselben Kontextes von unterschiedlichen Menschen aufgrund subjektiver Erfahrungen und Einstellungen anders eingeordnet werden, also auch vom subjektiven Kontext abhängen. Erst der Verstoß gegen diese vielmals unbewusst gültigen Regeln bringt diese dabei überhaupt zum Vorschein (vgl. Wulff 1998:220), macht also „gemeinhin implizit gesetzte autoritäre Machtverhältnisse [...] greifbar" (ebd.). Insbesondere auch durch die Reaktionen auf das Unterlaufen von Konventionen und Brechen von Tabus, werden diese also überhaupt erst sichtbar und rücken dadurch als prinzipiell veränderlich und verhandelbar in den Fokus.

Der Wiener Aktionismus: Tabubruch als kathartische Befreiung

Besonders radikale Tabubrüche finden sich zu Beginn der Performance-Bewegung im Wiener Aktionismus, der sich Anfang der 1960er Jahre entwickelte (vgl. Lange 2002:167). Hermann Nitsch

---

81 „VALIE EXPORT ging dafür mit einer im Schritt ausgeschnittenen Hose durch die Reihen eines Kinos, um das Publikum außerhalb des Kontextes eines Pornofilms aggressiv mit dem weiblichen Genital zu konfrontieren. Die dazugehörige Fotoserie zeigt sie zudem mit einem Maschinengewehr in beiden Händen. Damals ein Skandal" (Reichelt 2013). „In der Fotoserie zur Aktion 'Genitalpanik' hält sie ein Gewehr in ihren Händen und präsentiert ein typisch männlich konnotiertes Gebaren, das Macht abbildet. Sie verändert durch diese Fotos den männlichen Blick auf die Frau, indem sie das gängige Frauenbild dekonstruiert und die Botschaft sendet, als Frau selbst die Macht zu ergreifen und frei über den eigenen Körper und die eigene Sexualität zu verfügen" (Wilhelm 2014).

82 Vgl. auch https://www.youtube.com/watch?v=-kdeMhQxd5Y

beispielsweise lud (und lädt immer noch) zur Teilnahme am „Orgien-Mysterien-Theater“ und seinen „Lammzerreißungsaktionen“ ein, „die nicht nur die Akteure, sondern auch die übrigen Teilnehmer in Berührung mit sonst tabuisierten Objekten brachten und ihnen besondere sinnliche Erfahrungen ermöglichten“ (Fischer-Lichte 2004:22f.):

> „Sie begossen sich gegenseitig mit Blut, Spülwasser und anderen Flüssigkeiten, kneteten und traten barfuß auf Eingeweide und Kot und weideten zusammen das Lamm aus; zum Abschluß hielten sie eine gemeinsame Mahlzeit mit Wein und Fleisch. [...] Nitschs Aktionen eröffneten allen Beteiligten die Möglichkeit, die Grenzen zu dieser sorgsam bewachten und gehüteten Tabuzone öffentlich zu beschreiten, sich gemeinsam mit anderen sinnlichen Eindrücken hinzugeben und körperliche Erfahrungen zu machen, die in der Regel verschlossen und verboten waren und einen 'urexzess' [Nitsch] zu bewirken vermochten“ (ebd.:88).

Auf der persönlichen Ebene zielen solche Aktionen auf eine Katharsis im Sinne des befreienden Zusammenschlusses von körperlicher Erfahrung und Symbolbildung (vgl. ebd.:89): Denn Kunst solle laut Nitsch (in Bezugnahme auf die Psychoanalyse) „der Triebabreaktion und -auslebung dienen, ein 'sinnlich-exzessives Genießen' ermöglichen und kathartische Funktionen erfüllen“ (Lange 2002:173). Diese persönliche kathartische Befreiung stand aber in unmittelbarem Zusammenhang mit einer Emanzipation von gesellschaftlichen Einengungen:

> „Die inhaltlichen Hintergründe des Wiener Aktionismus bezogen sich vor allem auf die Befreiung von religiösen und sexuellen Tabus, welche die stark hierarchisierte und normierte österreichische Gesellschaft bestimmten.“ (Lange 2002:167)

Individuelle und gesellschaftliche Dimensionen einer „Ästhetik der Provokation“

Neben der individuellen Emanzipation der AkteurInnen zielen Performances, die Konventionen in Frage stellen und Tabus brechen, auch immer auf die gesellschaftliche Ebene ab, denn beide Ebenen sind untrennbar miteinander verknüpft: Durch die Aufführung solcher „tabulosen“ Aktionen vor Publikum rücken die entsprechenden tabuisierten Themen und Verhaltensweisen erst in den (Zuschauer-)Blick. Dass die Reaktionen darauf oftmals nicht mit Begeisterung verbunden sind, sondern negative Emotionen wie Ekel, Wut, Angst oder Abwehr provozieren, ist Teil der Strategie: Schockwirkung und Provokation des Publikums sind häufig eingeplant und sollen dieses zum Nachdenken anregen und Diskussionsprozesse anstoßen (vgl. Frimmel 2015:153): „Provokation ist [...] nicht Selbstzweck, sondern ein Mittel, um den Betrachter für die Veränderungen in seiner Umwelt sensibel zu machen" (ebd.:70): Diese „positive Provokation" (ebd.:66) soll u. a. bestehende Wahrnehmungsmuster in Frage stellen, statische Weltbilder aufbrechen, auf Missstände aufmerksam machen (vgl. ebd.:70-77) und die entsprechenden Themen so möglicherweise aus ihrer tabuisierten Position lösen. Als Schlüsselbegriffe einer „Ästhetik der Provokation" führt Oliver Ruf (vgl. 2012:207) die Begriffe der „Wut" und „Energie" ein:[83] Ausgehend von einem Gefühl der Wut, das sich oftmals aus persönlicher Betroffenheit speist, befreien sich KünstlerInnen durch ästhetische Provokationen einerseits *aus* einer „Energie" und befreien andererseits *selbst* eine neue „Energie" (vgl. ebd.). Hier lassen sich wiederum die zwei Dimensionen von Emanzipation erkennen, die sowohl mit einer Befreiung aus einengenden Strukturen oder „Energien" verbunden sind als auch mit der Erschaffung einer neuen „Energie". Die Energiemetapher ist dabei mit der heftigen und provozierenden Emotion der Wut verbunden, die eine affektive Form von Kritik darstellt und in der die persönliche und die gesellschaftliche Ebene eine untrennbare Verschränkung erfahren:

> „Wut verweist auf eine unentwirrbare und offensichtliche Verstrickung mit der Macht, die sie angreift und der sie unterworfen ist. Damit gleicht sie der Figur der Kritik, wie sie von Foucault beschrieben wird [...]. Die Frage ist nun, wie man gegen die tief sitzende abendländische Trennung von Intellekt und Affekt anschreiben könnte, um die Konturen einer Kritik zu umreißen, die Empörung, Wut, Zorn mitdenkt. Die wütende Kritik zielt, gerade weil sie aus einer Position der Betroffenheit deutlich macht, *wie* gewisses Leben verhindert und anderes ermöglicht wird, auf die sorgsam gehüteten und

83 Ruf bezieht sich hier zwar vorrangig auf die historische Avantgarde, seine Überlegungen lassen sich m. E. aber auch auf die Performance-Bewegung und heutige Kontexte übertragen, die mit einer „Provokationsästhetik" im Zusammenhang stehen.

ökonomisch verwalteten Verhältnisse von Nähe und Distanz, Versachlichungen und Objektivierungen und versucht, diese anders zu organisieren." (Purtschert 2008, Hervorh. i. O.)

Gerade in der Performance-Kunst, in der dem Körper ein hoher Stellenwert zukommt, ist die Wut oder Provokation also ein Mittel einer körperlichen und affektiven Kritik, die sinnlich-ästhetische, wirkungsmächtige Bilder und Erfahrungen hervorruft und somit eine Erweiterung rationaler Kritik darstellt. Zwar ist die „positive Provokation" nicht auf Performance Art beschränkt und wird auf vielfältigste Weise – insbesondere im Bereich der zeitgenössischen Kunst – praktiziert (vgl. ebd.:153), geht jedoch durch die leibliche Ko-Präsenz von AkteurInnen und ZuschauerInnen in der Performance-Kunst mit einer besonderen Intensität einher. Es findet eine unmittelbare Konfrontation statt, die auch nicht unmittelbar miteinbezogene RezipientInnen (im Sinne der *feedback*-Schleife) gewissermaßen dazu zwingt, auf die Performance zu reagieren, sich zu ihr zu verhalten und das Gesehene bzw. Erlebte und die eigenen Reaktionen darauf zu überdenken. Durch die neue Situation, die durch derartige Grenzüberschreitungen entsteht, kann das Publikum nicht auf vorgefertigte „angemessene" Verhaltensregeln oder festgelegte Bedeutungszuschreibungen zurückgreifen, sondern muss sich selbstbestimmt zu einer – wie auch immer gestalteten – Reaktion entschließen und die „Bedeutung" der Performance eigenständig herstellen (vgl. Kap. 6). Die Subversion gültiger Konventionen soll also irritieren und so einer Automatisierung der Wahrnehmung entgegenwirken (vgl. Ruf 2012:212) und die RezipientInnen dazu anregen, gesellschaftliche Konventionen zu überdenken. In diesem Sinne zielt die Überschreitung von Konventionen und Tabus also auf einen gesellschaftlichen Reflexions- und Emanzipationsprozess, den Sandra Frimmel (2015:66) als „[b]efreites Denken" bezeichnet.

Wirkung von provokativen Performances

Durch KünstlerInnen wird häufig eine uneingeschränkte Kunstfreiheit, d. h. Tabulosigkeit gefordert (vgl. ebd.:63), doch diese „Autonomie von Kunst setzt eine grundlegende Differenz zwischen

Kunst und Wirklichkeit voraus, die sie zugleich postuliert und behauptet" (Fischer-Lichte 2004:296). Gerade in der Performance-Kunst kann jedoch „die Grenze zwischen künstlerischer Aktion und sozialem Ereignis nicht immer klar gezogen werden" (ebd.:88), was beispielsweise im Falle von Hermann Nitsch dazu führte, dass ihm der Prozess wegen Blasphemie gemacht wurde (vgl. ebd.) und Mitglieder von Pussy Riot nach dem „Punk-Gebet" zu zwei Jahren Haft „wegen Störung der öffentlichen Ordnung (Rowdytum) aufgrund von religiösem und nationalem Hass" (Frimmel 2015:277) verurteilt wurden.

Damit gesellschaftliche Probleme überhaupt sichtbar werden, sind laut des russischen Künstlers Dmitrii Gutov solch drastische Provokationen nötig: „[E]iner leisen Stimme hört niemand zu. Wenn Du willst, dass man Dir zuhört, dann muss man es drastisch machen, wenn Du die öffentliche Aufmerksamkeit auf das Problem lenken willst" (Gutov, zit. n. Frimmel 2015:74). Hier lässt sich zum einen kritisch hinterfragen, ob wirklich nur der Einsatz drastischer Mittel eine Veränderung anstoßen kann - und was genau unter „drastisch" zu verstehen ist -, oder ob dies auch durch andere Mittel möglich ist, durch die dennoch eine Reflexion angeregt werden kann (vgl. Kap. 6). Selbstverständlich muss diese Aussage Gutovs auch vor dem Hintergrund der aktuellen gesellschaftlichen Situation in Russland betrachtet werden, so wie auch die folgenden generellen Überlegungen nach den Konsequenzen von Provokation keine allgemeingültigen Antworten finden können. Zum anderen müsste überprüft werden, ob Schock und Provokationen „automatisch" einen konstruktiven Diskussionsprozess nach sich ziehen, ober ob auch eine entgegengesetzte gewissermaßen traumatisierende Wirkung eintreffen kann, die vorhandene Sichtweisen und Abneigungen bestärkt. In diesem Fall würde es sich nicht mehr um eine „positive Provokation" handeln, sondern um

> „Schock, der uns gewaltsam aus dem Gewohnten herausreißt, der uns erblinden, ertauben, verstummen und erstarren läßt, da der Anprall des Unvorhersehbaren durch kein Medium gedämpft oder gefiltert wird. [...] Verwandt mit dem Schock ist die Traumatisierung, die jede Antwort blockiert und alle Abwehrkräfte zum Erliegen bringt." (Waldenfels 2010:251)

Befremdliche und provozierende Kunstaktionen können also höchst ambivalente Erfahrungen und Gefühle auslösen:

> „Waldenfels unterscheidet zwischen drei Reaktionsformen im Umgang mit Fremdheitserfahrung. Eine Reaktion besteht darin, das Fremde als etwas Feindliches zu betrachten [...], eine zweite in der Aneignung oder Einverleibung des Fremden [...] und eine dritte im 'Antworten auf den Anspruch des Fremden'." (Sting/Thielicke 2012:8, vgl. Waldenfels 2010:241-243)

Diese Reaktionsformen schließen sich aber nicht gegenseitig aus: Vielmehr kann die prozesshafte Auseinandersetzung mit irritierenden Kunsterfahrungen auch beim selben Individuum alle Reaktionen beinhalten (vgl. Sting/Thielicke 2012:8), sodass Fremdheitserfahrungen mitunter erst „über einen längeren Suchprozess produktiv werden" (ebd.).

Gerade durch die Intensität der unmittelbaren leiblichen Ko-Präsenz von AkteurInnen und ZuschauerInnen stellen provokante Performances also immer eine Gratwanderung dar. Andererseits ist auch eine gewisse Abstumpfung durch die „Gewöhnung" an skandalöse Aktionen denkbar: „Schocks, die an die leiblichen Grundfesten unserer Erfahrung rühren, nützen sich ab wie eine überstarke Droge, sobald sie zur Regel werden" (Waldenfels 2010:251). So stellen etwa PerformerInnen der jüngeren Generation gerade in Hinblick auf die medial allgegenwärtige Inszenierung von Schmerz die

> „qualvollen Selbstversuchs- und Selbstverletzungsperformances der 70er Jahre, in denen es den PerformerInnen um die öffentliche Präsentation von Schmerz, um das Überschreiten gesellschaftlicher Tabus [...] ging, [...] mit der Überlegung, ob solcherart inszenierte Provokationen heute als 'unsinnige Überbietungsstrategien' überhaupt noch Sinn machen, vehement in Frage." (Lange 2002:242)[84]

Zuschauende haben also möglicherweise schon eine gewisse Erwartungshaltung entwickelt, da die „konventionsauflösenden" Performances mitunter wiederum ihre eigenen Konventionen entwickelt haben, indem die Provokation zur Regel geworden ist und so ihre ursprüngliche Wirkung nicht mehr erfüllen kann.

84 Andererseits ist die Wirkung von Schmerz durch die leibliche Ko-Präsenz in Performances nicht mit der in medialen Inhalten wie Werbung und Videos zu vergleichen (vgl. Kap. 5.4).

Die „blinden Flecken" emanzipatorischer Performances

„Tabulose" Performances überschreiten also nicht nur Konventionen und stellen eine (ethische) Gratwanderung dar, sondern besitzen auch stets ihre eigenen „blinden Flecken": Entgegen ihrem Anspruch, Konventionen zu subvertieren und Hierarchien aufzulösen, können sie die Produktion von eigenen Konventionen und Hierarchien nicht unbedingt vermeiden. So werden die TeilnehmerInnen in Nitschs Aktionen beispielsweise zwar zu aktiven AkteurInnen, aber keineswegs als gleichberechtigte oder selbstbestimmte Individuen behandelt, sondern haben innerhalb der Performance vorgeschriebene Rollen zu erfüllen (vgl. Lange 2002:175):

> „Nitschs Katharsienentwürfe sind relativ eng auf seine eigenen Erlösungsvorstellungen und sein ästhetisches Formempfinden ausgerichtet, so daß kreativen Partizipationsansprüchen von MitspielerInnen am Spielgeschehen nur schmaler Raum geboten wird." (ebd.:176)

Sie agieren also „weder frei und spontan, sondern als ein in ihrer Funktion vom Künstler festgelegtes ästhetisches Material, das ohne subjektiven Handlungswillen am Abreaktionsgeschehen beteiligt ist" (ebd.:178). Somit bleibt auch die angestrebte kathartische Wirkung fraglich (vgl. ebd.). An diesem Beispiel wird deutlich, dass auch Aktionen und Bewegungen, die ursprünglich emanzipatorische Intentionen verfolgen, ihre blinden Flecken besitzen und mitunter selbst wieder bestimmte Konventionen, Tabus und Hierarchien produzieren. Performances, die mit Grenzüberschreitungen verbunden sind, mittels derer sich ihre AkteurInnen von gültigen Konventionen befreien (möchten) und eine gesellschaftliche Veränderung anstreben, besitzen zwar das Potenzial, emanzipatorische Prozesse zu bewirken, sind aber kein Garant dafür.

5.7 Grenzüberschreitungen und das „Dazwischen": Liminalität und Transformation

Einstürzende Gegensätze durch Grenzüberschreitung

In den vorangegangenen Kapiteln wurde gezeigt, dass Performance Art in vielerlei Hinsicht eine grenzüberschreitende Kunst ist. Es geht ihr in der Grenzüberschreitung aber nicht um die Überschreitung eines Ortes oder eines Bedeutungskomplexes im Sinne eines „Entweder-Oder", sondern vielmehr „um die Überwindung starrer Gegensätze, um ihre Überführung in dynamische Differenzierungen" (Fischer-Lichte 2004:356f.). Performance Art und das Performative setzen eine Dynamik in Gang, die Grenzen nicht nur überschreitet, sondern geradezu auflöst und begriffliche Gegensätze wie Kunst und Wirklichkeit, Subjekt und Objekt, Körper und Geist, Signifikant und Signifikat etc. kollabieren lässt (vgl. ebd.:294f.): Es gilt kein „Entweder-Oder" mehr, sondern ein „Sowohl-als-auch" (vgl. ebd.:301), das nicht das Trennende, sondern das Dynamische und Verbindende in den scheinbaren Gegensätzen stark macht:

> „Was die dichotomische Begriffsbildung als streng voneinander geschieden behauptet, findet sich hier wie selbstverständlich zusammen, ja, ist ohne einander nicht zu denken: Das eine ist immer schon das andere, das ihm angeblich Entgegengesetzte, Widersprechende." (ebd.: 2004:300)

Wenn Kunst und Wirklichkeit in Performances aber nicht mehr klar voneinander zu trennen sind – sondern Performances sowohl im Bereich der Kunst als auch im Bereich der Wirklichkeit bzw. des Alltags angesiedelt sind – werden auch weitere dichotomische Begriffspaare, die einst durch die Entgegensetzung von Kunst und Wirklichkeit generiert wurden – wie ästhetisch vs. sozial, ästhetisch vs. politisch und ästhetisch vs. ethisch – obsolet (vgl. ebd.:297). Die Grenze zwischen Ästhetischem und Nicht-Ästhetischem lässt sich nicht mehr ziehen: das Ästhetische ist „zugleich ein Soziales, ein Politisches, ein Ethisches" (ebd.:300). Denn künstlerische Performances stellen immer zugleich auch soziale Situationen dar, was besonders deutlich wird, wenn durch Zuschauerpartizipation aktive Rollenwechsel stattfinden und Gemeinschaften durch Performances gebildet werden (vgl. ebd.:297).

Dichotomische Begriffspaare dienen aber nicht nur zur Beschreibung der Welt, sondern stellen auch Regulative bzw. Rahmen für „angemessenes" Handeln und Verhalten dar (vgl. ebd.:309). Deshalb „bedeutet ihre Destabilisierung, ihr Zusammenbrechen, nicht nur eine Destabilisierung der Welt-, Selbst- und Fremdwahrnehmung, sondern auch eine Erschütterung der Regeln und Normen, die unser Verhalten leiten“ (ebd.). Solche grenzauflösenden Performances „konstituieren eine Wirklichkeit, in der das eine zugleich als das andere erscheinen kann, eine Wirklichkeit der Instabilität, der Unschärfen, Vieldeutigkeiten, Übergänge, Entgrenzungen“ (ebd.:304). Wenn bis dahin gültige Verhaltensweisen plötzlich nicht mehr gültig sind, wenn Irritationen und Unsicherheiten entstehen,

> „[w]enn Gegensätze zusammenfallen, das eine auch zugleich das andere sein kann, dann richtet sich die Aufmerksamkeit auf den Übergang von einem Zustand zum anderen. Es öffnet sich der Raum zwischen den Gegensätzen, ihr Zwischen-Raum.“ (ebd.:305)

Liminalität und Transformation

In Rekurs auf Victor Turner wird dieses „Dazwischen“, der Zustand, der in dieser Schwellenphase hergestellt wird, als Zustand der Liminalität bezeichnet (vgl. ebd.), als „Zustand einer labilen Zwischenexistenz“ (ebd.): „Liminalität (bezugnehmend auf lat. *limen* - die Schwelle) bezeichnet eine Situation, in der die alten Ordnungen nicht mehr greifen, neue aber noch nicht aufgebaut sind“ (Lange 2002:28). Turner prägte den Begriff der Liminalität in den 1960er Jahren in Bezugnahme auf Arnold van Genneps Modell des Übergangsrituals, das dieser in seiner Studie „Les rites de passage“ (1909) beschrieben hatte (vgl. Fischer- Lichte u. a. 2006:8). Anhand von ethnologischen Forschungen zu Übergangsriten gliederte van Gennep diese in drei Phasen; eine Trennungsphase, eine Schwellen- oder Transformationsphase und eine Inkorporationsphase (vgl. Fischer-Lichte 2004:305). Die Schwellenphase ist hierbei gekennzeichnet durch einen Zustand der Liminalität, der die Möglichkeit einer Transformation bietet für diejenigen, die in ihn versetzt werden (vgl. ebd.:307), sie aber auch „in einen Zustand 'zwischen' allen möglichen Bereichen versetzt, der ihnen völlig neue, zum Teil verstörende Erfahrungen ermöglicht“ (ebd.:305):

> „Alte Bindungen sind aufgelöst, neue jedoch noch nicht geschaffen, sondern erst im Werden bzw. im Erscheinen begriffen. Wer eine solche Erfahrung macht, muss vorübergehend ohne feste eigene Position, ohne verlässliche

> Beziehungen, ohne klare Regeln und ohne eindeutig definierte Aufgaben auskommen“ (Fischer-Lichte u. a. 2006:8)

– erhält jedoch die Aussicht auf Transformation (vgl. ebd.:9). In diesem Sinne kann die liminale Phase also einerseits als eine unbestimmte Zwischenphase gekennzeichnet werden, die laut Turner als kultureller Spielraum für Experimente und Innovationen begriffen werden kann (vgl. Fischer-Lichte 2004:306), „welcher der Aushandlung und Bestätigung von Werten, Normen und symbolischen Ordnungen dient“ (Wihstutz 2010b:65). In diesem Kontext muss aber m. E. ein genauer Blick darauf geworfen werden, welcher Art die liminale Phase ist und mit welchen Machtansprüchen und Zielen sie verknüpft ist; d. h. wie groß der von Turner beschriebene experimentelle Spielraum also jeweils tatsächlich ist. Gerade Rituale haben beispielsweise oftmals einen stringenten Ablauf, der stark reglementiert, von gesellschaftlichen Erwartungshaltungen geprägt und auf ein festgelegtes Ziel ausgerichtet ist. Somit gelten in der liminalen Phase zwar oftmals *andere* – mal klar festgelegte, mal weniger klar definierte – Normen und Regeln als im Alltag, es wäre jedoch zu kurz gegriffen, zu sagen, dass in dieser Phase *keine* Normen und Regeln gelten. Diejenigen, die die liminale Phase eines Rituals durchlaufen, erfahren in der Regel eine Transformation, die einerseits klar definiert sein kann und beispielsweise die Veränderung des gesellschaftlichen Status betrifft (z. B. die Transformation von Jungen in Krieger, einem unverheirateten Paar in ein Ehepaar etc.), andererseits aber auch eine generelle Veränderung der Wirklichkeitswahrnehmung betreffen kann (vgl. Fischer-Lichte 2004:306f.) und somit subjektiver und unbestimmter ausfällt – und erst so eine selbstbestimmte Transformation einleiten kann. Abhängig davon, in welchem gesellschaftlichen und spezifischen Kontext die liminale Phase eines Rituals eingebettet ist und vor allem, an welche Zielsetzung sie geknüpft ist, kann sie also sowohl bestehende Ordnungen stärken als auch einen Freiraum bieten, um mit neuen zu experimentieren. Wie offen das kulturelle „Spiel- und Experimentierfeld“ also letztendlich ist, hängt wesentlich davon ab, wie offen die liminale Phase konzipiert ist, d. h. wie stark sie reglementiert ist und wie stark das Ziel der Transformation von fremdgesteuerten Erwartungshaltungen bestimmt wird.

Für die Entwicklung einer Ästhetik des Performativen hat vor allem Fischer-Lichte Turners Theorie der Liminalität aufgegriffen (vgl. Fischer-Lichte 2004), um die „Zwischenzustände" zu beschreiben, die in Aufführungen der Performance-Kunst entstehen. Der entscheidende Unterschied besteht m. E. jedoch darin, dass die liminale Phase in den meisten traditionellen Ritualen von der darauf folgenden Inkorporationsphase geprägt ist, die das Ziel der angestrebten Transformation auf bestimmte Weise festlegt – hier ist die liminale Phase zwar durch ein „Dazwischen" gekennzeichnet, aber nicht ziellos. In der Performance Art wird die Schwellenphase im Gegensatz dazu jedoch meist nicht als Mittel zum Erreichen einer bestimmten, festgelegten Transformation aufgefasst, sondern ist selbst Ziel: Liminalität im Kontext von Performance-Kunst bezeichnet einen (oftmals durch spezifische Inszenierungsstrategien angestrebten) Zustand, der gerade deswegen durch Unbestimmtheit und Offenheit charakterisiert ist, weil Verlauf, Ende und Ziel der Performance nicht eindeutig vorgegeben sind. Dieser ergebnisoffene Prozess zielt also nicht auf eine bestimmte Transformation ab (wie dies in Ritualen meist der Fall ist), sondern soll einen Raum eröffnen, in dem sich vielfältige Transformationen vollziehen können, die durch das Wechselverhältnis aller Beteiligten beeinflusst werden, aber vorher nicht festgelegt sind. Dadurch rückt die soziale Dimension von Aufführungen der Performance Art in den Vordergrund: Die Beziehung zwischen Agierenden und Zuschauenden kann (neu) ausgehandelt werden, verschiedene (Wert-)Vorstellungen werden sichtbar, prallen aufeinander und können dadurch thematisiert, hinterfragt und möglicherweise verändert werden. Transformation bezieht sich in diesem Kontext also auf offene Prozesse der Aushandlung, Reflexion und Neuorientierung.

Liminalität als Krise und Möglichkeit

In der Performance Art entsteht ein liminaler Zustand – und mit ihm verbunden die Möglichkeit einer Transformation – vor allem dann, wenn Gegensätze zusammenbrechen (vgl. ebd.:307) und die Performance nicht mehr eindeutig einem spezifischen Rahmen zugeordnet werden kann. „Es scheint vor allem das Kollabieren des Gegensatzes von Kunst und Wirklichkeit sowie aller weiterer von ihm generierten Oppositionen zu sein, welches die Beteiligten in einen Schwellenzustand versetzen" (ebd.). Die Beziehung zwischen AkteurInnen und ZuschauerInnen muss dann neu ausgehandelt werden und der Ausgang der Performance ist höchst ungewiss. Besonders deutlich wird diese Ambivalenz an Selbstverletzungsperformances: Wie sieht ein „angemessenes Zuschauer-Verhalten" in diesem Fall aus? Rein ästhetisch handeln, d. h. zuschauen und die Künstlerin gewähren lassen? Oder ethisch handeln und eingreifen auf die mögliche Gefahr hin, die Intention des Künstlers zu konterkarieren (vgl. ebd.:308)? In solch einer liminalen Situation werden die Zuschauenden „zwischen die Normen und Regeln von Kunst und Alltagsleben, zwischen ästhetische und ethische Postulate versetzt[...]" (ebd.:11) – sie werden in diesem Sinne in eine Krise gestürzt, zu deren Bewältigung sie nicht mehr auf allgemein gültige Verhaltensweisen zurückgreifen können, denn die bisher gültigen Standards sind nicht mehr akzeptabel, neue aber noch nicht formuliert (vgl. ebd.:308). Eine solche Krise lässt sich nur bewältigen, wenn die Zuschauenden selbstbestimmt neue Verhaltensweisen suchen und erproben – „trotz der drohenden Gefahr eines möglichen Scheiterns" (ebd.). In liminalen Situationen werden sie also gewissermaßen dazu gezwungen, sich zum Geschehen zu verhalten, Verantwortung für dieses und für ihr Verhalten zu übernehmen. Weil der Zustand der Liminalität im Kontext der Performance Art meist nicht durch bestimmte Konventionen und Verhaltensstandards gekennzeichnet ist, können neue Verhaltensweisen also nur in einem selbstbestimmten Akt durch alle Beteiligten erprobt werden. Deutlich wird, dass liminale Zustände hoch ambivalent sind:

> „Jeder Übergang, jeder Weg über eine 'Schwelle' schafft einen Zustand der Instabilität, aus dem Unvorhergesehenes entstehen kann, der das Risiko des Scheiterns birgt, aber ebenso die Chance einer geglückten Transformation." (ebd.:310)

An dieser Stelle muss hinterfragt werden, woran sich eine geglückte oder gescheiterte Transformation eigentlich messen lässt. Während das „Endergebnis" der Transformation in traditionellen Ritualen meist feststeht (z. B. Krieger, Ehepaar etc.), ist das Ziel der Transformation in und durch Performances nicht vorherbestimmt, wodurch eine Beurteilung der Transformation sich nahezu verbietet. Das heißt aber nicht, dass InitiatorInnen von Performance Art mit ihren Aufführungen keine Erwartungen und Intentionen verbinden. Aus ihrer Sicht könnte eine „geglückte" oder „gescheiterte" Transformation womöglich daran gemessen werden, wie stark das Angebot zur Transformation von den TeilnehmerInnen genutzt wird. Dies hängt zwar einerseits von den Teilnehmenden selbst ab, maßgeblich aber auch von der spezifischen durch die PerformerInnen und die gesamte Performance geschaffenen Situation: Mit welchen Erwartungs- und Machtansprüchen werden die Zuschauenden bzw. Teilnehmenden der Performance konfrontiert? Wie offen ist der Performance-Prozess wirklich? Sind die Beteiligten zu einer Transformation bereit? Wird auch die Verweigerung einer Beteiligung akzeptiert?[85] Kann die Situation – trotz Verunsicherung – als „geschützter Zwischenraum" empfunden werden, in dem neue Verhaltensweisen frei erprobt werden oder ist die Situation durch Zwang gekennzeichnet?[86]

Auch wenn die Rede von „geglückten" oder „gescheiterten" Transformationen aufgrund dieser Überlegungen überholt scheint, wird dennoch deutlich, dass sich liminale Zustände durch eine hohe Ambivalenz auszeichnen, die von all diesen spezifischen Bedingungen abhängt. Schwellenzustände werden von allen Beteiligten auf sehr subjektive Art empfunden. Entscheidend ist vor allem, ob die durch Schwellenerfahrungen mitunter hervorgerufene „Krise" durch das Erproben von und Identifizieren mit neuen Verhaltensweisen konstruktiv bewältigt werden kann – ob also das Po-

85 Wie bereits gezeigt, wird auch oder gerade durch Verweigerung einer Beteiligung diese überhaupt erst vollzogen (vgl. Kap. 5.3). Unabhängig davon ist die Haltung und Reaktion auf solch eine Verweigerung entscheidend für den weiteren Verlauf einer Performance.

86 Vgl. zu diesen Aspekten Kap. 6.

tenzial der Krise als einer Möglichkeit der Neuorientierung ausgeschöpft werden kann oder ob der Zustand der Desorientierung nicht überwunden wird. Diese Bewältigung kann den an einer Performance beteiligten ZuschauerInnen aber nicht abgenommen werden, sondern muss von jedem selbst in einem emanzipatorischen Prozess vollzogen werden. In diesem Sinne könnte dann höchstens aus subjektiver Sicht der ZuschauerInnen von einer geglückten oder gescheiterten Transformation gesprochen werden. An dieser Stelle ist zu fragen, welche Möglichkeiten es im Kontext kultureller Bildung gibt, diesen Prozess zu begleiten um Menschen mit den z. T. sehr irritierenden Erfahrungen nicht allein zu lassen. Dabei sollte es aber nicht um die Beseitigung von Irritation gehen, sondern darum, Raum und Zeit zu schaffen, damit sich Menschen austauschen und gegenseitig unterstützen und inspirieren können, um so ihre eigenen Antworten und Fragen zu finden.

Performances, die durch Grenzüberschreitungen Gegensätze kollabieren lassen, Konventionen unterlaufen oder Tabus brechen, versetzen alle Beteiligten also in einen liminalen Zustand, in einen „Raum des Dazwischen", der sowohl als Krise als auch (gleichzeitig) als Möglichkeitsraum für Transformationen wie Reflexionsprozesse und die Erprobung alternativer Verhaltensweisen erlebt werden kann. Der Zustand der Liminalität in Performances beschränkt sich hierbei nicht auf *eine* Schwelle oder *eine* mögliche Transformation; vielmehr ist die Performance an sich eine „aktive Situation, ein beständig turbulenter Prozeß von Transformationen" (Schechner 1990:96[87], zit. n. Lange 2002:27). Der Zustand der Liminalität „ist ein Zustand permanenter Dynamisierung, eines ständigen Wandels. In diesem Zustand ist vieles – um nicht zu sagen alles – möglich" (Fischer-Lichte 1998:28). Insofern ist die Performance durch ihren unvorhersehbaren Verlauf mit vielen Transformationen und liminalen Zuständen verknüpft. Diese werden zwar intensiviert, wenn ein dynamischer Rollenwechsel zwischen AkteurInnen und ZuschauerInnen stattfindet, sind aber nicht an diesen gebunden: Aufführungen stellen an sich eine Schwellen- und Transformationsphase

87 Schechner, Richard (1990): Theateranthropologie. Spiel und Ritual im Kulturvergleich. Reinbek bei Hamburg: Rowohlt

dar (vgl. Fischer-Lichte 2004:312), deren Durchlaufen zu Transformationen führt - unabhängig davon, ob Zuschauende bewusst zu Handelnden werden: Die mit dem liminalen Zustand verbundenen

> „Anforderungen sorgen dafür, dass man buchstäblich transformiert wird, ohne es aktiv zu betreiben oder bewusst zu wollen. Theatrales Handeln, das zeigt sich gerade an aktuellen partizipatorischen Spielarten, ist an Transformationen gebunden." (Warstat 2015:190)

Diese ereignen sich bereits dadurch, dass Zuschauende auf die Umgebung reagieren müssen (vgl. ebd.) und diese - also auch die anderen Zuschauenden und die Agierenden - somit aktiv mitbestimmen.

Liminalität beschreibt also einen dynamischen Zustand, der wesentlich durch die *feedback*-Schleife - d. h. die Reaktionen aller Beteiligten aufeinander - hervorgebracht und verändert wird. Das liminale Feld

> „ist als Spielraum zu betrachten, in dem alles mit allem in Relation gesetzt wird. In ihm entsteht eine sich schier endlos fortsetzende Semiosis, in der sich alle möglichen Bedeutungen und Selbstentwürfe aufbauen, mit denen dann gespielt und experimentiert wird." (Lange 2002:28)

Es ist ein Zustand des „Sowohl-als-auch", in dem Zuschauende wie Agierende zugleich Subjekte und Objekte sind und die Performance gleichermaßen der Wirklichkeit wie der Kunst zuzuordnen ist.

Schwellenerfahrung als emotionale und körperliche Erfahrung

Das Herbeiführen eines liminalen Zustands kann nur in Verbindung mit der Erzeugung von Gefühlen gedacht werden (vgl. Fischer-Lichte 2004:310) und diese wiederum verweisen unmittelbar auf das körperliche Erleben: Ein liminaler Zustand „wird zuallererst als eine körperliche Transformation erfahren, als Veränderungen des physiologischen, energetischen, affektiven und motorischen Zustands" (ebd.:309f.). Gerade wenn Performances irritieren, provozieren und schockieren und somit starke Empfindungen und Gefühle wie Mitleid, Angst und Entsetzen auslösen, können diese „einen Handlungsimpuls auslösen, der zu einem eingreifenden

Handeln führen kann, mit dem ein neuer Status – der des Handelnden – erworben wird und zugleich neue Normen gesetzt und erprobt werden" (ebd.:310). In diesem Sinne ist die ästhetische Erfahrung als Schwellenerfahrung zu beschreiben (vgl. Kap. 6), „die für den, der sie durchläuft, eine Transformation herbeizuführen vermag" (ebd.:305).

Liminalität in der interaktiven Ausstellung „Between Borders"

Nach den theoretischen Überlegungen zur Liminalität soll nun ein kleiner Exkurs dazu einladen, diese in Bezug zu einem Performance-Beispiel aus der Praxis zu setzen: Leiblich zu erleben waren Grenzen, Grenzüberschreitungen und das „Dazwischen" in der interaktiven Ausstellung „Between Borders" (Tabea Pippke und Sophia Firgau, 2016, Mönchengladbach, SKM Rheydt), welche die BesucherInnen im wahrsten Sinne des Wortes zwischen die Grenzen versetzte und sie dazu einlud, Grenzerfahrungen zu machen und selbst zum Grenzgänger zu werden:[88]

Die Gäste bekamen am Eingang eine Eintrittskarte, deren Farbe den zwischen den Ausstellungsräumen als Grenzkontrollen agierenden PerformerInnen signalisierte, ob sie die entsprechenden BesucherInnen privilegierend oder diskriminierend zu behandeln hatten. Für die Gäste blieb diese Unterscheidung zunächst intransparent und scheinbar willkürlich. Während die Privilegierten ungehindert passieren konnten, wurden die anderen mit Ablehnung, (fremdsprachlichen) Befragungen und willkürlichem Wartegebot konfrontiert. Durch diese direkte Ansprache und Konfrontation mussten die Gäste sich zur Performance aktiv verhalten – ob sie wollten oder nicht – und bestimmten so den Verlauf der Performance wesentlich mit. Sie wurden also in den Status von aktiv Handelnden versetzt, obwohl sie gleichzeitig mit äußerster Fremdbestimmung und Willkür konfrontiert waren, also nur in bescheidenem Maße selbstbestimmt handeln konnten.

---

88 Die folgenden Beschreibungen fußen auf eigenen Beobachtungen, vgl. hierzu aber auch den ausführlichen Bericht von Feryat Sannuroglu (2016): „Düster bis unter die Haut" – Interaktives, künstlerisches Nacherleben der Fluchtroute. Unter: www.asyl-in-moenchengladbach.de/blog/nachtaktiv-im-skm-04-juni-2016

Nicht nur durch die „wirkliche" Erfahrung der inszenierten – aber dadurch nicht weniger gültigen – Grenzen können die in der Ausstellung gemachten Erfahrungen als liminale bzw. Schwellenerfahrungen bezeichnet werden. Die Ausstellungssituation mit den inszenierten Grenzen war sowohl eine künstlerische als auch eine reale, denn die Grenzen waren zwar keine „wirklichen" Grenzen zwischen verschiedenen Ländern, aber innerhalb der Ausstellung höchst reale Grenzen, insofern sie die Gäste nämlich die Grenze entweder problemlos überschreiten ließen oder sie darin hinderten. Die damit einhergehenden Erfahrungen waren nicht nur Nachempfindungen von Grenzsituationen, sondern gründeten sich im realen, auch körperlichen Erleben von „Durchgelassen-Werden" oder „Abgelehnt-Werden". In derartigen liminalen, höchst irritierenden und verunsichernden Situationen lässt sich nicht auf „angemessene" Verhaltensweisen zurückgreifen und so fielen die Reaktionen der BesucherInnen auch höchst unterschiedlich aus: Die meisten spielten bereitwillig mit, andere allerdings verließen die Ausstellung bereits am Anfang (noch vor der ersten Grenzstation). Manche versuchten, die Grenzkontrollen zum Lachen zu bringen oder zu bestechen und wiederum andere empörten sich über die datenschutzrechtliche Fragwürdigkeit der Befragungen. Die Ausstellung war in vielfacher Hinsicht durch ein „Dazwischen" – sowohl Zwischenräume als auch Zwischenzustände – gekennzeichnet: Zum einen stellte die komplette Ausstellung ein „Dazwischen" dar, nämlich einen symbolischen Fluchtweg, der vom Eingang bis zum letzten Raum durch mehrere Häuser und Außenbereiche führte und der außeralltägliche Erfahrungen ermöglichte. Zum anderen konnten sowohl die Grenzstationen als „Dazwischen" – nämlich als zwischen den übrigen Ausstellungsräumen verortet – erfahren werden als auch umgekehrt die Ausstellungsräume als „Dazwischen" im Sinne von „between borders". Ein besonderer „Zwischenort" bildete eine Wartebank, auf der sich die an einer Grenzstation abgewiesenen BesucherInnen niederlassen konnten. Von dieser Bank aus fiel der Blick unausweichlich auf namenlose Grabtafeln mit Gedenkkerzen – ein symbolischer Friedhof für die zahlreichen Toten im Mittelmeer. Viele der Wartenden bildeten eine „Schicksalsgemeinschaft“ und kamen über das Erlebte ins Gespräch. Dieser „Zwischenraum“ der Warte- bzw. Friedhofsbank wurde so zu einem „Möglichkeitsraum“, in dem sich Gespräche zwischen fremden Menschen entwickelten, die sich in ihnen intensiv mit dem Thema Flucht auseinandersetzten und die in der Ausstellung erlebten liminalen Erfahrungen gemeinsam reflektierten.

Grenze und Schwelle

Wenn im Kontext der Liminalität immer wieder von der Schwelle – von ihrem Überschreiten, sowie dem Schwellenzustand und der Schwellenerfahrung – die Rede ist, schließt sich die Überlegung an, ob sie als Metapher geeigneter ist als diejenige der Grenze. Performance Art ist einerseits eine Kunst der Grenzüberschreitung:

> „Sie arbeitet unablässig daran, Grenzen, die [...] im ausgehenden 18. Jahrhundert errichtet wurden[89] und seitdem als ebenso unverrückbar wie unüberwindbar und in diesem Sinne als quasi natürliche [...] galten – wie die Grenzen zwischen Kunst und Leben, zwischen Hochkultur und populärer Kultur, zwischen der Kunst der westlichen Welt und derjenigen anderer Kulturen, denen das Konzept der Autonomie von Kunst fremd ist –, zu überschreiten und so den Begriff der Grenze zu redefinieren.“ (Fischer-Lichte 2004:356)

Gerade indem Performance Art Grenzen überschreitet, rückt sie diese Überschreitung, den Übergang und das „Dazwischen“ anstelle von Trennung, Abschottung und prinzipieller Differenz in den Vordergrund (vgl. ebd.): „Die Grenze wird zur Schwelle, die nicht voneinander trennt, sondern miteinander verbindet. An die Stelle der unüberbrückbaren Gegensätze treten graduelle Differenzen“ (ebd.:356). Allerdings muss bei diesem Versuch einer Differenzierung auch beachtet werden, dass Grenze und Schwelle häufig dasselbe Phänomen beschreiben, das sich erst durch die Differenzierung der Wahrnehmung unterscheidet (vgl. ebd.:358): „Was dem einen als eine – vielleicht gar unüberwindbare – Grenze erscheint, wird von dem anderen als eine Schwelle wahrgenommen,

89 Gemeint ist hiermit die Zeit der Aufklärung und die mit ihr u. a. einhergehende Trennung von Vernunft und Gefühl sowie die Forderung nach der Autonomie von Kunst etc.

die zum Überschreiten einlädt" (ebd.). Aber nicht nur verschiedene Wahrnehmungsmodi, auch unterschiedliche Bedingungen und Machtansprüche[90] entscheiden darüber, für wen die Grenze eine trennende Grenze und für wen eine einladende Schwelle darstellt. Nachdrücklich war dieser Unterschied in der interaktiven Ausstellung „Between Borders" zu erfahren, in der ein und dieselbe Grenze für mache eine einladende Schwelle zur nächsten Ausstellungsfläche darstellte und für andere ein (zumindest temporär) nicht zu überwindendes Hindernis.

Ob Grenzen eher als Grenzen oder als Schwellen wahrgenommen werden, hängt in Aufführungen der Performance-Kunst vor allem vom Einsatz spezifischer Inszenierungsstrategien ab (vgl. ebd.:359), also vor allem davon, wie offen das Verhältnis zwischen AkteurInnen und ZuschauerInnen konzipiert ist: „In den Aufführungen ist es die sie erzeugende autopoietische *feedback*-Schleife, welche Grenzen in Schwellen verwandelt - wie die Grenzen zwischen Bühne und Zuschauerraum, Akteuren und Zuschauern, Individuum und Gemeinschaft oder Kunst und Leben" (ebd.:359). In der Performance „Imponderabilia" (ital. für „Unwägbarkeiten") von Marina Abramović und Ulay (1977, Bologna, Galleria Comunale d`Arte Moderna), war die Schwelle nicht nur eine Metapher, sondern räumliche und körperliche Realität sowie konstitutiver Teil der Performance: „Die gesamte Performance bestand darin, daß die Zuschauer einzeln zwischen den beiden nackten Künstlern hindurch die Schwelle zwischen zwei Museumsräumen durchschritten: die Schwelle betreten, sie zu überqueren und sie wieder zu verlassen, das heißt, der Übergang als solcher war die Aufführung" (ebd.:312).

Das Potenzial der Schwellen-Metapher liegt also in ihrer Fokussierung des Zwischenraumes:

---

90 Diese Bedingungen und Machtansprüche beziehen sich sowohl auf die in der Performance geschaffene und von ihnen spezifisch geprägte Situation als auch auf persönliche Einstellungen und Erfahrungen, die die Zuschauenden/Teilnehmenden mit in die Performance „bringen" und die abhängig sind von gesellschaftlichen, institutionellen und persönlichen Bedingungen sowie Machtansprüchen und -erfahrungen, mit denen sie im Zuge ihrer individuellen biografischen Situation konfrontiert werden.

> „Während die Grenze als Linie gedacht wird, die etwas ein- und anderes ausschließt, als eine Scheidelinie, ist die Schwelle als ein Zwischenraum vorzustellen, in dem sich alles mögliche ereignen kann. Während die Grenze eine klare Trennung vornimmt, stellt die Schwelle einen Ort der Ermöglichung, Ermächtigung, Verwandlung dar.“ (ebd.:358)

Und genau hier, im Herstellen dieses Zwischenraumes als offener Möglichkeitsraum, der scheinbare Gegensätze nicht trennt, sondern miteinander verbindet und somit ungeahnte Möglichkeiten entstehen lassen kann, liegt das enorme emanzipatorische Potenzial der Performance-Kunst: Performance Art als eine Kunst der Grenzüberschreitung zielt also darauf, „Grenzen in Schwellen zu verwandeln, und damit auf die Kunst des Übergangs, des Überquerens von Schwellen“ (ebd.:359).

Das emanzipatorische Potenzial des „Dazwischen“

Gerade durch das performative Hervorbringen eines solchen Zwischenraums bzw. Zwischenzustands hat Performance Art das Potenzial – trotz des mit ihm einhergehenden Risikos –, diesen als Möglichkeitsraum erlebbar zu machen und ist demnach mit einem *emanzipatorischen* Potenzial verbunden: Denn die Beteiligten werden in diesem unbestimmten Zwischenzustand jenseits vorgefertigter Konventionen auf sich selbst zurückgeworfen und somit dazu angeregt, sich über ihr *eigenes* Selbst- und Weltverständnis, ihre *eigenen* Werte, Normen und Verhaltensweisen bewusst zu werden bzw. diese neu zu suchen und zu erproben, diese also zu ihren *eigenen* zu machen und so eine Transformation zu durchlaufen. Dabei stehen sie in einem unmittelbaren Wechselverhältnis zu allen anderen Beteiligten, mit denen dieser Prozess gemeinsam durchlaufen wird und mit denen Verhaltensweisen und Beziehungen permanent neu ausgehandelt werden. Sie sind in diesem Sinne also selbstbestimmt, aber dennoch nicht komplett autonom, denn sie reagieren aufeinander und beeinflussen sich kraft Wirken der autopoietischen *feedback*-Schleife gegenseitig – eigene Vorstellungen müssen also selbst reflektiert werden und in Bezug zu denen der anderen gesetzt werden. Diese kollektive „Abhängigkeit“ schwächt den emanzipatorischen Prozess somit also nicht, sondern unterstützt insbesondere seine soziale und demokratische Dimension.

So wie die Liminalität im Rahmen der Performance-Situation das Potenzial eines „Emanzipationsprozesses im Kleinen" bietet, lässt sich auch ein genereller Emanzipationsprozess treffend als liminaler Prozess beschreiben. Denn während dieses Prozesses gelten weder die alten Konventionen, aus denen sich die sich Emanzipierenden befreit haben noch existieren bereits neue gültige Normen. Der emanzipatorische Zustand des „Dazwischen" bietet somit einen Spielraum für Experimente und Transformationen, in dem die Individuen selbstbestimmt neue Verhaltensweisen und Regeln suchen, erproben und in einem kollektiven Prozess aushandeln können.

Wie sich beide Ebenen - ein möglicherweise durch die Aufführungssituation erzeugter Emanzipationsprozess sowie ein genereller emanzipatorischer Prozess in der „Wirklichkeit" - miteinander verbinden, ob also die in der Performance durchlaufenen Transformationen nur auf diese begrenzt, sprich vorübergehend, sind oder darüber hinaus nachhaltige Transformationen anstoßen können, lässt sich generell nicht entscheiden:

> „Ob die Erfahrung der Destabilisierung von Selbst-, Welt- und Fremdwahrnehmung, des Verlusts gültiger Normen und Regeln tatsächlich zu einer Neuorientierung des betreffenden Subjekts [...] führt und in diesem Sinne zu einer andauernden Transformation, wird sich nur im jeweiligen Einzelfall entscheiden lassen." (ebd.:313)

Das mit dem Erleben von Performances verbundene Durchlaufen einer Schwellenphase stellt also zwar keine Garantie für nachhaltige Transformationen dar, kann aber zumindest Impulse setzen, zum Nachdenken anregen und alternative Möglichkeiten aufscheinen lassen - also in diesem Sinne den „Möglichkeitssinn" schärfen. Die Wirkung einer Performance setzt möglicherweise erst viel später einen Transformationsprozess in Gang, sodass dieser durch die PerformerInnen lediglich vorstellbar, aber nicht mehr wahrnehmbar ist. Dass aber jemand nach dem unmittelbaren intensiven Erleben der körperlichen und ästhetischen Schwellenerfahrung „komplett" unverändert bleibt, scheint sehr unwahrscheinlich - denn irgendeine Art von Verwandlung gehört immer dazu (vgl. Lowinski

2014:54). Gerade durch das mehrdimensionale Erleben von Performance Art, das Körper, Geist, Verstand und Emotionen anspricht, vielfache Sinneserfahrungen ermöglicht und die Zuschauenden oftmals selbst in aktiv Handelnde transformiert, scheint es nahezu unmöglich, davon „unberührt" zu bleiben. Im Gästebuch von „Between Borders" waren zumindest nicht nur einmal folgende Worte lesen: „Ich muss was in meinem Denken und Handeln ändern. Ich will mich engagieren."

6 Vertiefung: Rezeption von Performance Art

Wenn Fischer-Lichte von der ästhetischen Erfahrung als Schwellenerfahrung spricht, die in besonderem Maße durch Aufführungen hervorgerufen werden kann und eine Transformation herbeizuführen vermag und wenn Lange (2002:20) betont – um hier noch einmal auf die Ausgangsthese zurückzukommen –, dass Performance Art „Denk- und Wahrnehmungsprozesse in Bewegung [setzt], welche über die Tiefenarbeit der ästhetischen Erfahrung und des körperlichen Erlebens Widersprüche, Lücken, Brüche, Unvereinbarkeiten, Sehnsüchte und Wünsche als Differenzen in unseren Weltbildern transparent machen" – also auch eine Transformation im Sinne eines Erkenntnisprozesses auslösen – dann lässt sich fragen, was die ästhetische Erfahrung ausmacht, die durch die Rezeption[91] von Performance Art ausgelöst werden kann. Was ist das „Besondere" gerade im Erleben von Performance Art, was „macht" sie mit den RezipientInnen? Warum scheint gerade sie so geeignet, um einen Transformationsprozess in Gang zu setzen? Und worin liegt das emanzipatorische Potenzial der Rezeption von Performance Art?

Nachdem in den vorangegangenen Kapiteln zwar immer wieder auf die ZuschauerInnen Bezug genommen wurde, aber Performance Art als grenzüberschreitende Kunst vor allem in Hinblick auf die Intentionen und den Selbstermächtigungsprozess der PerformerInnen thematisiert wurde, soll der Blick deshalb hier vertie-

91 Die Benutzung der Termini „Rezeption" bzw. „Rezipierende" erfolgt mit dem Bewusstsein, dass die Rezeption von Performance Art nicht mit einer traditionellen Rezeption zu vergleichen ist, die sich an einem Werkbegriff orientiert. Aus dem Begriff der Rezeption lassen sich in diesem Kontext keine Schlussfolgerungen über den Grad der Aktivität oder die Rolle der RezipientInnen ableiten. Auch wenn das Subjekt/Objekt-Verhältnis in vielen Performances eine Dynamisierung erfährt, besteht dennoch ein Unterschied zwischen den PerformerInnen als denjenigen, die die Performance initiieren und den RezipientInnen, die in erster Linie als ZuschauerInnen kommen.

fend auf das spezifische Erleben der RezipientInnen gerichtet werden und darauf, was dieses Erleben für einen möglichen Emanzipationsprozess bedeutet.

Besonderheiten der Rezeption von Performance Art

Sicherlich kann aufgrund der enorm vielfältigen Bandbreite von Performance-Realisationen nicht allgemein von der *einen* Rezeption die Rede sein. Denn sie wird ebenso beeinflusst von der jeweiligen (Erwartungs-)Haltung und subjektiven Erfahrungen der RezipientInnen wie von dem spezifischen Setting der Performance: Die Rezeption ist also jeweils eine andere – abhängig davon, ob die Performance eine Minute dauert oder ein Jahr, ob die Zuschauenden zu ihr gehen oder die Performance zu ihnen, ob in ihr eine Vielzahl von Menschen unterschiedliche Handlungen simultan ausführen (wie im „untitled event") und so die Wahrnehmung dezentralisieren (vgl. Lange 2002:353) oder ob sie die Aufmerksamkeit auf *eine* Handlung konzentriert (wie in „Freeing the voice"), ob sie auf Irritation und Schock abzielt oder auf „poetische Verzauberung", ob und wie sie die Zuschauenden aktiv zum Interagieren ermutigt etc.

Trotz dieser Vielfältigkeit lassen sich Gemeinsamkeiten der Rezeptionserfahrungen finden, die in dem gründen, was als charakteristisch für das Performative beschrieben wurde: der Fokus auf Prozess, Handlung, Materialität, Selbstreferentialität, Wirklichkeitskonstitution und die Überführung von Dichotomien in einen Schwellenzustand des „Sowohl-als-auch".

Die Rezeption von Performance Art unterscheidet sich daher grundlegend von der Rezeption anderer Künste: Denn Performances sind flüchtige Ereignisse, sie können nicht wie ein Buch oder ein Bild immer wieder gelesen oder betrachtet werden. Zudem kommt den RezipientInnen eine konstitutive Rolle für die Performance zu, denn nur durch sie kommt die Performance überhaupt zustande. RezipientInnen sind Teil der Performance, sie sind körperlich-leiblich involviert, in einem realen Raum, zu einer realen Zeit mit realen Menschen. Sie sind – auch wenn sie bloß zuschauen – keine „distanzierten Beobachter", sie erleben die Performance nicht „von außen", sondern gewissermaßen von „innen", unmittelbar. Tradierte Rezeptionsideale wie das „interesselose Wohlgefallen“ oder die „distanzierte Betrachtung“ erscheinen deshalb obsolet (vgl. Fischer-Lichte u.a. 2006:8).

Besonders die leibliche Ko-Präsenz und die als Realität erlebte Situation ermöglichen die Erfahrung einer besonderen Intensität, die von verschiedenen AutorInnen als „auratische Atmosphäre“ (Lange 2002:37), „Katharsis“ (Aristoteles) „seelische Ansteckung“ (Max Hermann) oder als leiblich spürbare zirkulierende Energie zwischen allen Beteiligten (vgl. Fischer-Lichte 2004:99) umschrieben wird.[92] Indem Performances in erster Linie das bedeuten, was sie vollziehen und durch diese Selbstbezüglichkeit die Materialität des Prozesses - also die spezifische Körperlichkeit und Räumlichkeit - sinnlich erfahrbar machen, erzeugen sie eine besondere Art von Präsenz, die traditionell verstanden wird „als Unmittelbarkeit [...], als Erfahrung von Fülle und Ganzheit, als Authentizität“ (ebd.:255). Diese sinnliche Präsenz kann somit in besonderer Weise das Erleben von ästhetischer Erfahrung (von griech. „aisthesis“ = sinnlich vermittelte Wahrnehmung) ermöglichen, denn diese ist „in der Sinnlichkeit der Wahrnehmung verankert, d. h. sie nimmt dort ihren Ausgang und bleibt stets auf die Sinne bezogen“ (Brandstätter 2012:175).

Ambivalente ästhetische Erfahrungen

Performances sprechen die Wahrnehmung also auf einer ganzheitlichen, sinnlichen Ebene an und ermöglichen ein synästhetisches Erleben (vgl. ebd.:98): Sie „beanspruchen die einzelnen Sinne (Hören, Sehen, Riechen, Tasten, mitunter auch Schmecken) und die Aufmerksamkeit der Rezipierenden in umfassender, gesteigerter Weise“ (Lange 2002:351). Diese Bezogenheit auf die Sinnlichkeit und der synästhetische Charakter sind es, die ästhetische Erfahrung u. a. ausmachen:

> „Die ungeteilte, synästhetische Aufmerksamkeit hat mit der Leiblichkeit der ästhetischen Wahrnehmung zu tun. Zwar stellt die Leibbezogenheit eine

92 Diese Aufzählung soll keinesfalls eine Gleichsetzung der verschiedenen Phänomene suggerieren, sondern zielt lediglich auf die Betonung der ihnen eigenen spezifischen Intensität ab.

> grundlegende Bedingung jeder Art von Wahrnehmung dar [...], in der ästhetischen Wahrnehmung jedoch wird die Leiblichkeit selbst thematisch, das heißt, die Präsenz des Leibes[93] stellt eine zentrale und bewusste Erfahrensdimension dar." (Brandstätter 2012:175)

Verbunden mit der Leiblichkeit und Sinnlichkeit der ästhetischen Erfahrung ist ihre emotionale Dimension: sie vermag es durchaus, „in komplizierte Gefühle zu stürzen und einer irritierenden Bandbreite emotionaler Nuancen auszusetzen" (Warstat 2006:97). Denn Performance Art „ist eine anstrengende Kunst, die noch vor das Mitdenken das Mitfühlen setzt. Nicht eine sofortige Analyse ist wichtig, sondern der Mut zur Emotion - welche auch immer" (Jappe 1993:41). Performance-Kunst kann also vielfältige Gefühle und ambivalente ästhetische Erfahrungen auslösen. Sie „kann irritieren und verunsichern, verstören und befremden" (Sting/Thielicke 2012:7). In dieser Erfahrung von irritierender Fremdheit sieht Waldenfels eine besondere sinnliche Erlebensqualität, die auch mit Fischer-Lichtes Beschreibung der liminalen Schwellenerfahrung in Verbindung gebracht werden kann:

> „Fremdheit widerfährt einem vorkognitiv. Ein intensiver Sinneseindruck, der sich nicht einordnen lässt, der nicht das Fremde als das Unbekannte oder andere meint, sondern der im Zwischenraum von Wahrgenommenem und Selbst liegt. Diese Fremdheitserfahrung ist etwas, das sich unserem Orientierungsrahmen entzieht." (ebd., vgl. Waldenfels 2010:241-243)

Performances werden also - während des Prozesses - in erster Linie leiblich-sinnlich und emotional erfahren und meist erst in einem zweiten Schritt kognitiv gedeutet und reflektiert (vgl. Fischer-Lichte 2012:17). Sie vermögen somit ganzheitlich, nämlich „unmittelbar auf den Leib, die Einbildungskraft, das Erkenntnis- und Erinnerungsvermögen der Zuschauer" (Fischer-Lichte 2012:17) einzuwirken: schon während der Performance werden Kopf, Körper und Herz dazu angeregt, das Erfahrene mit eigenen Assoziationen und Imaginationen zu verknüpfen.

---

93 Die Präsenz des Leibes in der ästhetischen Erfahrung bezieht sich sowohl auf den Körper des wahrnehmenden Subjekts als auch auf die Leiblichkeit des ästhetischen Objektes (vgl. Brandstätter 2012:175) - in diesem Fall also die Leiblichkeit bzw. Materialität der Aufführung.

Dynamische Bedeutungserzeugung als ästhetische Erfahrung

Anstatt bestimmte Bedeutungen oder Wirkungen übermitteln zu wollen, regen Performances die Rezipierenden dazu an, Bedeutung in einem ergebnisoffenen Prozess selbst zu kreieren – und dies ist sowohl ein kognitiver als auch ein körperlicher Prozess, denn auch „der Körper besitzt eine Art leibliche Selbsterfahrung und ein Gedächtnis, welche auf der Erfahrung mit sich und mit Umgehensweisen von Welt beruhen" (Lange 2002:340). Wahrnehmung und Bedeutungserzeugung sind also abhängig von subjektiven Erfahrungen, Erinnerungen und kulturellen Codes (vgl. Fischer-Lichte 2004:264): Aber auch die von den Rezipierenden kreierten Bedeutungen stellen selten eine abgeschlossene Interpretation dar, sondern vielmehr ein dynamisches Netz: „Die Fülle an ästhetischem Material konstituiert im Betrachtenden ein komplexes Netz von Empfindungen, Emotionen, Gedanken und Imaginationen, das zu keiner fest fixierbaren Semantik verschmelzen kann" (Lange 2002:352) – somit bleibt der Prozess der Bedeutungserzeugung immer unabgeschlossen und anschlussfähig für weitere Reflexionen. Diese Offenheit ist nur möglich, weil Performance Art nicht vordergründig den Zeichencharakter des Dargestellten fokussiert, sondern ihre Materialität – es geht ihr um die „Ablösung der theatralen Ästhetik der Repräsentation durch eine Ästhetik der Präsenz" (Focke 2011:62), wie Lyotard sie beschrieben hat (vgl. ebd.). Der Ästhetik der Präsenz „wird dabei allgemein ein gewisses kritisches beziehungsweise emanzipatorisches Potential zugeschrieben" (ebd.): Indem sich die Ästhetik der Präsenz nämlich einer vorgeschriebenen, herrschenden Bedeutungszuschreibung entzieht, erscheint sie als „Emanzipation von den Totalisierungstendenzen der großen Erzählungen" (ebd.:71). Es geht aber nicht um eine Verabsolutierung der Präsenz, sondern vielmehr um eine dynamische Ordnung der Präsenz *und* der Repräsentation, also um einen Zustand des „Sowohl als auch":

> „Nicht die völlige Ablösung der Ordnung der Repräsentation durch eine Ästhetik der (reinen) Präsenz, sondern gerade die Gleichzeitigkeit von Momenten der Repräsentation und solchen der Präsenz bezeugt den Widerstreit und hält ihn offen." (ebd.:72)

Diese Gleichzeitigkeit ist es, die u. a. die ästhetische Erfahrung der Rezeption von Performance Art ausmacht (vgl. Fischer-Lichte 2012:15), denn die Rezipierenden folgen „sowohl der Ordnung der Präsenz als auch derjenigen der Repräsentation" (ebd.).

Über die individuelle Bedeutungserzeugung hinaus findet aber noch eine andere Form der Bedeutungszuschreibung statt, deren Schlüssel in der Selbstreferentialität der Performance - ihrer Präsenz - liegt. Gerade durch sinnliche, unmittelbare Wahrnehmung entsteht Bedeutung:

> „Die Dinge bedeuten das, was sie sind bzw. als was sie in Erscheinung treten. Etwas als etwas wahrzunehmen heißt also, es als bedeutend wahrzunehmen. In der Selbstreferentialität fallen Materialität, Siginifikant und Signifikat zusammen." (Fischer-Lichte 2004:245)

Daraus folgt, dass Wahrnehmung und Bedeutungserzeugung denselben Prozess darstellen (vgl. ebd.:248): „Es handelt sich also nicht um den Prozeß einer Desemantisierung, sondern um Selbstreferentialität" (ebd.:246). Dieser Punkt spielt deshalb eine große Rolle, weil auch er die Dichotomie zwischen Sinnlichkeit und Kognition aufhebt und durch ihre Verschmelzung ästhetische Erfahrungen ermöglicht: Die Selbstreferentialität

> „hebt eine Unterscheidung auf, [...] von der [...] viele ästhetische Theorien ausgehen: die Unterscheidung zwischen der sinnlichen Wahrnehmung eines Objekts, die als ein eher physiologischer Vorgang begriffen wird, und der Zuweisung einer Bedeutung, die als ein geistiger Akt gilt." (ebd.)

Ästhetische Erfahrungen berücksichtigen beide Dimensionen: „Sie sind in der Sinnlichkeit der Wahrnehmung verankert, drängen aber zur reflexiven Verarbeitung, ohne dabei den Bezug zur Körperlichkeit zur [sic] verlieren" (Brandstätter 2012:180).

Das emanzipatorische Potenzial des „ästhetischen Zustands"

Dieser Zustand, in dem Sinnlichkeit und Verstand wechselwirkend ineinander greifen, bezeichnet Friedrich Schiller als „ästhetischen Zustand" (vgl. Schiller 2000[1795]). Dieser stelle einen Idealzustand dar, denn in ihm fände der Mensch die größtmögliche Freiheit und Selbstbestimmung, da er sich in ihm vom Zwang des Stofftriebes

(Sinnlichkeit) lösen und gleichzeitig dem Formtrieb (Vernunft) gegenüber Sinnlichkeit zulassen könne (vgl. ebd.). Nur im Einklang von Form- und Stofftrieb könne der Spieltrieb sich entfalten, der ästhetisches Spiel ermögliche: „Denn [...] der Mensch spielt nur, wo er in voller Bedeutung des Worts Mensch ist, und er ist nur da ganz Mensch, wo er spielt" (Schiller 2000[1795]:62f.). Darüber hinaus werde durch den ästhetischen Zustand auch eine ganzheitliche (Selbst-)Reflexion angeregt:

> „Durch die ästhetische Gemüthsstimmung wird also die Selbstthätigkeit der Vernunft schon auf dem Felde der Sinnlichkeit eröffnet, die Macht der Empfindung schon innerhalb ihrer eigenen Grenzen gebrochen, und der physische Mensch so weit veredelt, daß nunmehr der geistige sich nach Gesetzen der Freyheit aus demselben bloß zu entwickeln braucht." (Schiller 2000[1795]:91f.)

Interessant ist bei Schiller, dass er Selbstbestimmung und Freiheit nicht ausschließlich an rationales Denken knüpft – wie dies bei Kant der Fall ist – sondern den Einklang von Vernunft und Sinnlichkeit für einen Selbstbildungsprozess postuliert. Daran schließt sich die Überlegung an, dass ein emanzipatorischer Prozess auch nur als ein ganzheitlicher Prozess – als ein spielerischer im Sinne Schillers – denkbar ist. Denn (sinnliches) Handeln ohne Reflexion birgt die Risiken eines blinden Tuns und Reflexion ohne Handeln bleibt im Theoretischen erstarrt und kann sich nicht performativ vollziehen – und somit keine Wirklichkeit konstituieren oder verändern. Emanzipation kann sich nur als ein ganzheitlicher Prozess des Wahrnehmens, Reflektierens und Handelns vollziehen.

Ästhetische Erfahrung als Schwellenerfahrung: Anregung eines Reflexions- und Selbstbildungsprozesses

Wenn gesagt wurde, dass Performance Art in besonderem Maße die Fähigkeit besitzt, Dichotomien aufzulösen, findet diese dynamische Erfahrung des „Sowohl-als-auch" in der ästhetischen Erfahrung (die Fischer-Lichte in diesem Sinne als Schwellenerfahrung bezeichnet) ihre Verwirklichung:

„In ästhetischen Erfahrungen erleben wir uns selbst und die Welt gleichzeitig und werden zu vielfältigen Wechselspielen angeregt: zwischen Sinnlichkeit und Reflexion, zwischen Emotionalität und Vernunft, zwischen Bewusstem und Unbewusstem, zwischen Materialität und Zeichencharakter, zwischen Sagbarem und Unsagbarem, zwischen Bestimmtem und Unbestimmtem." (Brandstätter 2012:180)

Ästhetische Erfahrung in diesem Sinne als Schwellenerfahrung, also liminale Erfahrung zu erleben, kann durchaus mit starken Irritationen verbunden sein. Denn eine ästhetische Erfahrung zu machen, bedeutet nicht, dass diese harmlos ist: „Ästhetische Erfahrungen sind stets mehrdimensional. An Kunsterzeugnissen, seien es Werke, Diskurse oder Aufführungen, werden komplexe und in sich widersprüchliche Erfahrungen gemacht" (Fischer-Lichte u.a. 2006:7).

Unabhängig davon lassen sich ästhetische Erfahrungen durch ihren Selbstzweck kennzeichnen: Sie sind nicht an äußere Ziele oder Erwartungen geknüpft, sondern ihr „Sinn und Zweck liegt in der Erfahrung selbst begründet" (Brandstätter 2012:175). Dieser Selbstzweck ist es, den auch Fischer-Lichte betont, wenn sie von der ästhetischen Erfahrung als einer Schwellenerfahrung spricht:

„Während ich eine Schwellenerfahrung, bei der der Weg das Ziel ist, als ästhetisch bezeichne, bestimme ich Schwellenerfahrungen, die den Weg zu einem 'anderen' Ziel[94] darstellen, als nicht-ästhetische Erfahrungen. [...] Das heißt, bei ästhetischer Erfahrung geht es um die Erfahrung der Schwelle, des Übergangs, der Passage als solcher, dem Prozeß der Verwandlung, bei nicht-ästhetischen Schwellenerfahrungen dagegen um den Übergang zu etwas, die Transformation in dieses oder jenes" (Fischer-Lichte 2004:349, Hervorh. i. O.).[95]

94 „Solche Ziele können in einem gesellschaftlich anerkannten Statuswechsel bestehen, in der Generierung von Siegern und Verlierern, in der Bildung von Gemeinschaften, in der Legitimation von Machtansprüchen, in der Herstellung sozialer Verbindlichkeit, in der Unterhaltung u. a. mehr" (Fischer-Lichte 2004:349).

95 Ob eine ästhetische Erfahrung letztendlich aber als solche erlebt wird, ist von der jeweiligen Zuschauerin abhängig: „Es hängt von der Wahrnehmung jedes einzelnen Zuschauers ab, ob er sich auf den liminalen Zustand konzentriert, in den ihn seine Wahrnehmung versetzt hat, oder ob er ihn als Übergang zu einem bestimmten Ziel erachtet und durchlebt" (Fischer-Lichte 2004:349).

Dieser Selbstzweck und die aus ihr resultierende Offenheit in Bezug auf die Transformation sind eminent wichtig, damit sich diese als emanzipatorische Verwandlung vollziehen kann: keine vorgegebene Bedeutung, kein Ziel, keine fremdbestimmte Erwartungshaltung – nur so ist eine „befreite“ (Selbst-)Reflexion möglich, durch die das Individuum zu einem selbstbestimmten (Veränderungs-)Prozess angeregt wird. Selbstreflexion ist aber nicht nur eine mögliche Folge ästhetischer Erfahrung, sondern in ihr selbst begründet: Wenn der Selbstzweck charakteristisch ist für die ästhetische Erfahrung, so ist es auch die Selbstbezüglichkeit, also „die Bezogenheit der Erfahrung auf sich selbst als Wahrnehmung. [...] In der ästhetischen Wahrnehmung nehmen wir also nicht nur etwas wahr, sondern wir nehmen den Prozess des Wahrnehmens und auch uns selbst als Wahrnehmende wahr“ (Brandstätter 2012:175) – Sinnlichkeit und Reflexion sind also Teil derselben Erfahrung.

Und doch lässt sich an dieser Stelle fragen, wie viel Raum einer solchen Reflexion während der intensiven, unmittelbaren Erfahrung der Performance wirklich bleibt. Gerade wenn das Erleben mit starken Emotionen verbunden ist und die ästhetische Erfahrung beispielsweise durch Tabubrüche wie Gewalt und Selbstverletzung als Krisenerfahrung erlebt wird, kann das damit im Rezipienten verbundene Gefühl mitunter

> „so stark sein [...], daß es jegliche Reflexion übersteigt, jeden Versuch zu verstehen gar nicht erst aufkommen läßt. Ästhetische Erfahrung wird hier als Krisenerfahrung erlebt, die mit ruhigem, abwägendem Nachdenken, mit reiner Kontemplation nicht zu bewältigen ist.“ (Fischer-Lichte 2004:275)

Solche Situationen können insbesondere auch unbewusste, latente Aspekte zum Vorschein bringen und eine unberechenbare, mitunter auch gefährliche Dynamik in Gang setzen. Wie bereits erläutert, sind es insbesondere solche starken Gefühle, die einen Handlungsimpuls – beispielsweise ein Eingreifen – auslösen können. Dieser Zusammenhang zwischen Fühlen und Handeln wurde vielfach von der Forschung nachgewiesen: Es sind

> „weniger unsere ruhigen Reflexionen oder prinzipielle Grundannahmen über die Beschaffenheit der Welt und andere Überzeugungen, aus denen sich unsere Handlungen ableiten lassen. Vielmehr sind es unsere Gefühle,

welche die entscheidendste Motivation für unsere Handlungen liefern." (ebd.:267)[96]

Dies bedeutet aber nicht, dass ein Reflexionsprozess ausgeschlossen ist, im Gegenteil: gerade Emotionen wirken nachhaltig und können diesen anstoßen, jedoch ggf. erst zeitversetzt, nach der Performance. Eindrücklich lässt sich dies an Marina Abramovićs Performance „Rhythm 0" erkennen, in der die Menschen wie „in Trance" (Abramović 2016:96) handelten und erst nach der Performance allmählich zu verstehen begannen, was passiert war: Etliche Menschen riefen am nächsten Tag in der Galerie an: „Sie sagten, es tue ihnen furchtbar leid, sie könnten selbst nicht verstehen, was vorgefallen sei, als sie dort gewesen waren – sie wüssten nicht, was in sie gefahren sei" (ebd.:98). Ohne dies konkret belegen zu können, lässt sich stark vermuten, dass diese intensive Erfahrung bei allen Beteiligten noch lange nachgewirkt haben mag und sie mit ihrem Verhalten, ihren Wertvorstellungen und Fragen nach der Verantwortung eines jeden einzelnen konfrontiert hat. Emotionales und leibliches Erleben haben also – trotz des erläuterten Risikos – auch das große Potenzial, Selbstreflexions- und Selbstbildungsprozesse anzuregen. Untermauert wird diese These vom Konzept des „erlebnisorientierten" bzw. „emotionalen Lernens":

> „Erlebnisse sind herausragende Episoden im Strom der bewussten Wahrnehmung eigener Empfindungen und Gefühlszustände. Sinneseindrücke und ihre Verarbeitung […] stimulieren und formen das Erlebnis. Zentral ist die emotionale Erregung." (Nahrstedt 2004:30)

Nur durch emotionale und sinnliche Erfahrungen kann demnach ein nachhaltiger (Selbst-)Bildungsprozess angeregt werden.

Die vorangegangenen Ausführungen zeigen, dass die Rezeption von Performance-Kunst in besonderem Maße ein ganzheitliches und gleichzeitig ambivalentes Erleben ermöglicht, das insbesondere körperliche, sinnliche und emotionale, aber auch kognitive

---

96 Fischer-Lichte verweist an dieser Stelle u. a. auf Luc Ciompi (1999): Die emotionalen Grundlagen des Denkens. Entwurf einer fraktalen Affektlogik. Göttingen, 2. Aufl. und auf Antonio R. Damasio (2000): Ich fühle, also bin ich. Die Entschlüsselung des Bewußtseins. München

Erfahrensdimensionen anspricht. Somit können durch Performance Art ausgelöste ästhetische Erfahrungen Denk- und Wahrnehmungsprozesse in Bewegung setzen (vgl. Lange 2002:20). Das immer wieder betonte Transformationspotenzial ästhetischer Erfahrung – das besonders bei Fischer-Lichte im Begriff der Schwellenerfahrung deutlich wird – meint in diesem Sinne also die Anregung eines Selbstbildungsprozesses und somit die Förderung einer emanzipatorischen Praxis.

Aber muss die ästhetische Erfahrung unbedingt als irritierende „Krisenerfahrung" erlebt werden, im Rahmen derer Zuschauende – wie in „Rhythm 0" – zu Handelnden werden, damit sie ihr Transformationspotenzial entfalten kann? Da ästhetische Erfahrungen sich generell sowohl im rezeptiven wie im produktiven Umgang ergeben können und sowohl als Differenz- als auch als Affirmationserfahrung erlebt werden können (vgl. Brandstätter 2012:174-178), liegt eher die Schlussfolgerung nahe, dass es nicht die spezifische Art der ästhetischen Erfahrung ist, in der das Transformationspotenzial liegt, sondern eher ihre Intensität, mit der sie ungewöhnliche Sinneserfahrungen und emotionale Erlebnisse ermöglicht. Zwar scheinen Performances, die auf Irritation und Schock abzielen, besonders in der Lage zu sein, solche intensiven Erfahrungen zu ermöglichen. Aber es gibt auch Beispiele anderer Performances, in denen das scheinbar Gewöhnliche außergewöhnlich wird und intensive Erlebnisse auslöst. Exemplarisch lässt sich hier an Marina Abramovićs Performance „The artist is present" (2010, Museum of Modern Art, New York) denken: Während drei Monaten saß sie täglich sieben Stunden lang still und bewegungslos auf einem Stuhl und blickte allen in die Augen, die sich ihr gegenübersetzten. Blickkontakt und volle Präsenz, mehr brauchte es nicht für die intensive Beziehung zwischen Publikum und Performerin. Viele der Menschen, die sich zu ihr setzten, waren zutiefst bewegt, manche fingen an zu weinen (vgl. Abramović 2016:396). Marina Abramović beschreibt ihre Funktion (nicht nur in dieser Performance) oft als eine Art Spiegel, der die Menschen mit sich selbst – mit ihren ureigenen Ängsten, Schmerzen und Sehnsüchten konfrontiert (vgl. ebd.:98, 396). Diese intensive Erfahrung bot ein enormes Transformationspotenzial – manche beschreiben sie sogar als lebensverändernd (vgl. ebd.:405). Performances können also – wenn sie den RezipientInnen intensive ästhetische Erfahrungen ermöglichen – Transformationen auslösen. Worin diese genau bestehen, ist nicht festgelegt: Es handelt sich um einen offenen Prozess, in dem jedes Individuum seine eigenen Antworten (und Fragen) finden muss.

Das emanzipatorische Potenzial des Zuschauens und Handelns

Aber worin genau liegt das emanzipatorische Potenzial für die ZuschauerInnen – auch während einer Performance?

> „Geht es nicht immer um das Verhältnis von Handeln und Zuschauen? Um die Frage, unter welchen Bedingungen und mit welchen Konsequenzen jemand zum Akteur oder zum Zuschauer wird? Wer ermächtigt ist, jemanden zum Akteur oder zum Zuschauer zu machen?" (Fischer-Lichte 2006:28)

Und ist es – nachdem die Fähigkeit der Performance Art, Gegensätze dynamisch zu verbinden, vielfach thematisiert wurde – überhaupt sinnvoll, Zuschauen und Handeln als Dichotomie zu begreifen?

Insbesondere Jacques Rancière und Patrick Primavesi setzen sich kritisch mit der Zuschauerpartizipation auseinander und plädieren dafür, das emanzipatorische Potenzial des Zuschauens zu erkennen: Man müsse „die Aktivität, die dem Zuschauer eigen ist, anerkennen" (Rancière 2015:28), die in seiner Wahrnehmung, Imagination und Bedeutungserzeugung liege (vgl. Primavesi 2015:77). Demnach müssten mögliche Formen von Emanzipation also nicht zwangsläufig an Aktivität und Beteiligung geknüpft sein (vgl. ebd.:87):

> „Die gängige Behauptung, Zuschauer aus ihrer vermeintlich bloß passiven Haltung befreien und ihnen zu mehr Selbstständigkeit verhelfen zu können, ist insofern schon fragwürdig, da sie die im Wahrnehmungsprozess enthaltene Aktivität nicht berücksichtigt und selbst erst jene Entmündigung produziert, die sie dann aufzuheben verspricht." (ebd.:55)

Wird Entmündigung also erst performativ hervorgebracht durch den Versuch, diese aufzuheben? Rancière (2015:22) sieht es ähnlich:

> „Aber könnte man nicht das Problem umdrehen und sich fragen, ob nicht gerade der Wille, die Distanz abzuschaffen, erst die Distanz schafft? Was erlaubt es, den an seinem Platz sitzenden Zuschauer für untätig zu erklären, wenn nicht die vorher behauptete radikale Opposition zwischen dem Aktiven und Passiven?"

Rancière und Primavesi stellen also den Gegensatz zwischen dem Aktiven und Passiven, Sehen und Handeln radikal in Frage. In seiner Infragestellung bzw. Aufhebung sieht Rancière (2015:23) einen emanzipatorischen Akt:

> „Emanzipation beginnt dann, wenn man den Gegensatz zwischen Sehen und Handeln in Frage stellt, wenn man versteht, dass die Offensichtlichkeiten, die in dieser Weise die Verhältnisse zwischen dem Sagen, dem Sehen und dem Machen strukturieren, selbst der Struktur der Herrschaft und der Unterwerfung angehören. Sie beginnt dann, wenn man versteht, dass Sehen auch ein Handeln ist, das diese Verteilung der Positionen bestätigt oder verändert. Auch der Zuschauer handelt [...]. Er beobachtet, er wählt aus, er vergleicht, er interpretiert."

„Der emanzipierte Zuschauer" – wie Rancière sein Buch betitelt hat – ist laut ihm also ein aktiver Interpret, ein selbstbestimmter Sinnproduzent: „Es bedarf der Zuschauer, die die Rolle aktiver Interpreten spielen, die ihre eigene Übersetzung ausarbeiten, um sich die 'Geschichte' anzueignen und daraus ihre eigene Geschichte zu machen" (ebd.:33). Rancière und Primavesi betonen hier also vorwiegend das kognitive und reflexive Moment des Emanzipationsprozesses. Dieses Verständnis akzentuiert somit das transformatorische und emanzipatorische Potenzial, das auch „klassischen" Aufführungssituationen eigen ist.

So wichtig ein solches Verständnis ist und zu einer kritischen Reflexion der Zuschauerpartizipation beitragen kann, sollten m. E. jedoch Konzeptionen von „aktiver" – hör- und sichtbarer – Zuschauerpartizipation im Gegenzug nicht automatisch mit einer Praxis der Entmündigung gleichgesetzt werden. Warum sollten beide Konzeptionen als Dichotomien gedacht werden? Es ist nicht einsichtig, dass das Verständnis des „Zuschauer[s] als zur Aufführung hör- und sichtbar Beitragenden" dasjenige des „Zuschauer[s] als Sinnproduzenten" (vgl. Siemke Böhnisch in Kap. 5.3) ausschließt. Vielmehr bietet sich hier wieder einmal die „Sowohl-als-auch"-Perspektive an, die einen Blick sowohl auf die emanzipatorische Dimension einer aktiven Reflexion des Performance-Geschehens lenkt als auch auf diejenige einer leiblich-performativen Interaktion zwischen Zuschauenden und Performenden.

Zwar ist, wie bereits angemerkt, allein die Tatsache einer aktiven Zuschauerpartizipation nicht mit einer emanzipatorischen Ermächtigung des Zuschauers als Handelnden gleichzusetzen. Vielmehr muss ein spezifischer Blick auf das diesbezügliche Selbstverständnis der Performenden und die damit verbundenen Konzeptionen einer solchen Partizipation gelenkt werden. Denn Zuschauerpartizipation bewegt sich stets in der „Spannung zwischen Ermächtigung und Bevormundung, Aktivierung und Beeinflussung" (Primavesi 2015:55f.). Dabei tauchen verschiedene Fragen auf: Können die Zuschauenden über ihre Partizipation selbstbestimmt entscheiden oder erfolgt sie aufgrund einer Automatisierung oder gar eines Zwangs? Sind mit der Partizipation bestimmte Intentionen verbunden, in deren Folge diese spezifisch gelenkt wird? Wie gehen die KünstlerInnen in diesem Fall damit um, wenn das Publikumsverhalten diesen Intentionen nicht entspricht oder gar zuwiderläuft? Wie ergebnisoffen ist also der Performance-Prozess? Und wer trägt die Verantwortung für die Unvorhersehbarkeiten? Auch wenn diese Fragen für jede Performance individuell beantwortet werden müssen, lässt sich übergreifend mit Fischer-Lichte (2006:40) feststellen:

> „Sobald der Zuschauer aktiv ins Spiel kommt, nimmt die Unberechenbarkeit von Aufführungssituationen zu und potenzieren sich die Möglichkeiten zu Transformationen aller Art. Insofern birgt die Schwellenerfahrung, die durch die Transformation des Zuschauers in einen Akteur ausgelöst wird, ein über diesen Vorgang hinausgehendes Potential an Verwandlung. Sie lässt die betreffenden Subjekte am eigenen Leibe erfahren, dass und wie sich Verwandlung ereignen kann, welche Möglichkeiten sie eröffnet und welche Gefahren in ihr lauern. Welche Schlussfolgerungen sie aus diesen Erfahrungen ziehen, lässt sich niemals voraussagen."

Performances, die die Zuschauenden „aktiv" miteinbeziehen, kennzeichnen sich also durch ihre Unberechenbarkeit, die den Fokus auf die soziale Dimension und damit auf das (Macht-)Verhältnis zwischen Performenden und Zuschauenden lenkt: Sie fokussieren somit „das (politisch hochrelevante) Verhältnis von Individuum und Gemeinschaft" (Fischer-Lichte 2006:40). In ihrem Verlauf ermöglichen sie vielfältige Transformationen, die ebenfalls unbestimmt sind und daher höchst ambivalent ausfallen können.

Die Verantwortung der RezipientInnen

Wie lässt sich also dieses Verhältnis bestimmen? Wenn eine Performance nur durch Performende und Zuschauende zustande kommt und sich beide kraft des Wirkens der autopoietischen *feedback*-Schleife wechselseitig beeinflussen, ist es dann

> „zulässig, Akteure und Zuschauer in dieser Weise auf eine Stufe zu stellen? Ist der Anteil der Künstler, welche die Inszenierung vorbereiten, nicht so zu werten, daß sie damit den Gang der Aufführung bestimmen, die Zuschauer dagegen bestenfalls darauf reagieren vermögen?" (Fischer-Lichte 2004:284)

Anders als in theaterähnlichen Performances, deren Verlauf (trotz immer auch bleibender Unvorhersehbarkeit) maßgeblich durch die AkteurInnen festgelegt wird, zeichnen sich die meisten Performances dadurch aus, dass PerformerInnen eine spezifische Situation kreieren, der sie sowohl sich selbst als auch die ZuschauerInnen aussetzen und in der sie gezielt darauf verzichten, den Verlauf der Performance zu kontrollieren (vgl. ebd.:285) – um vielmehr einen wirklich ergebnisoffenen Prozess zu erzeugen, im Rahmen dessen sich alles Mögliche ereignen kann. Wenn Performende in diesem Prozess also Macht und Definitionshoheit abgeben, wird deutlich, dass sich RezipientInnen nicht mehr auf einen Status von „distanzierten BetrachterInnen" berufen können: Dadurch, dass sie leiblich anwesend sind, haben sie maßgeblichen Einfluss auf den Verlauf der Performance – unabhängig davon, ob sie aktiv interagieren oder (falls überhaupt möglich) passiv zuschauen und andere gewähren lassen – und damit eine Mitverantwortung für das, was geschieht.

Zwar wird die jeweilige Situation von den PerformerInnen geschaffen, gerade am Beispiel von Performances wie „Rhythm 0" wird aber deutlich, wie sehr die Performerin „von den anderen, den

Zuschauern, abhängig ist, wie angewiesen darauf, daß diese ebenfalls Verantwortung für eine Situation übernehmen, die sie nicht geschaffen haben, in die sie aber durch Teilnahme an der Performance geraten sind" (ebd.) und dass die Künstlerin es ist, die „bei Fehlverhalten der Zuschauer, die gravierendsten Konsequenzen zu tragen hat" (ebd.). An einer Performance teilzunehmen bedeutet also „nicht nur, eine Entscheidung zum Tun oder zum Unterlassen fällen zu müssen. Es bedeutet außerdem, sich die Folgen der eigenen Handlungen buchstäblich vor Augen zu führen und sich verantwortlich zu zeigen für das, was man dem oder den Anderen möglicherweise *an*tut" (Umathum 2006:17, Hervorh. i. O.) - und sich auch verantwortlich zu zeigen, für die Folgen eines möglichen Nicht-Tuns. Fraglich ist nur, inwiefern diese Verantwortung den handelnden RezipientInnen auch bewusst ist: Mit welchen Erwartungen treten sie in die Performancesituation? Welchen Rahmen (Kunst, soziales Ereignis etc.) setzen sie? Welche Rolle spielt das Verhältnis von Kognition und Emotion? Wie bewusst treffen sie Entscheidungen während dieses Prozesses? Welche neuen (Macht-)Verhältnisse entstehen in der Offenheit dieses Prozesses? Durch die in der Performance generierte Autonomie treten gerade diese gesellschaftlich hoch relevanten Fragestellungen in den Vordergrund - nicht nur während der Performance, sondern auch darüber hinaus. Es geht um Selbstbestimmung, Macht, Eigenverantwortung und gemeinschaftliche (performative) Verhandlung dieser Fragestellungen - und damit um zentrale Momente eines emanzipatorischen Prozesses. Diese Themen werden zuallererst nicht kognitiv verhandelt, sondern leiblich, synästhetisch und emotional erfahren - sie vollziehen sich auf performative Art und Weise, können aber darüber hinaus einen nachhaltigen Reflexions- und Transformationsprozess auslösen. Gleichzeitig wird an „Rhythm 0" aber auch deutlich, dass Autonomie und Emanzipation nicht harmlos sind - dann nämlich, wenn sie nicht reflektiert werden und mit ihnen nicht verantwortungsvoll umgegangen wird. Emanzipation birgt somit eine hohe Ambivalenz - der Verlauf und Ausgang eines Emanzipationsprozesses ist nicht absehbar und bietet gleichermaßen Möglichkeiten und Risiken.

Zwischen Selbst- und Fremdbestimmung: Emanzipatorische Dimensionen der Zuschauerpartizipation

Zuschauerpartizipation hat viele Gesichter. So war sie vor allem in den frühen Performances der 1960er und 70er Jahre (wie z. B. „Dionysus in 69“) mit dem emanzipatorischen Anspruch verbunden, durch ein konsensuelles Aushandeln der Beziehung zwischen AkteurInnen und ZuschauerInnen eine gleichberechtigte Gemeinschaft zu bilden (vgl. Fischer-Lichte 2006:29). Diese Strategie stand u. a. im Kontext der Protestbewegungen gegen den Vietnamkrieg, dem Beginn des Feminismus und einer neuen Jugendkultur (vgl. ebd.:30) und „nahm in diesem Kontext kulturrevolutionäre, ja utopische Züge an. Mit ihr sollte eine Wirklichkeit antizipiert werden, für die die unterschiedlichen Bewegungen kämpften“. Emanzipation war also kein nachgelagertes Ziel, sondern wurde im Rahmen der Performance vollzogen. Performances dieser Art kreieren somit einen offenen Möglichkeitsraum für eine selbstbestimmte Praxis, in der die ästhetische Erfahrung mit einem gesteigerten Gemeinschaftsgefühl verbunden ist und als Stabilisierung des Selbst erfahren werden kann (vgl. ebd.).

Andere Arten der Zuschauerpartizipation setzen gerade nicht auf die Bildung einer gleichberechtigten Gemeinschaft, sondern auf ihre Brechung, auf Irritation, Provokation und ästhetische Erfahrung als „Destabilisierung des Selbst“ (ebd.). In Schlingensief-Inszenierungen beispielsweise wurden ZuschauerInnen immer wieder auch gegen ihren Willen zu AkteurInnen gemacht, indem sie vorgeführt oder gar beleidigt wurden (vgl. ebd.) und ihnen „durch die permanente Kollision von Rahmen ständig Entscheidungen für bestimmte Handlungen abverlangt [wurden], ohne […] [ihnen] Zeit für ein sorgfältiges Abwägen des Für oder Wider zu lassen“ (ebd.). Emanzipation wird in solchen Partizipationsstrategien nicht als gemeinschaftlicher Prozess gelebt, sondern bedeutet eine Herausforderung für jeden einzelnen. Eine selbstbestimmte Praxis kann sich hier nicht in einem dazu einladenden Raum entwickeln, sondern eher als Widerstand und Reflexion im Nachhinein und zielt somit „auf die Fähigkeit des individuellen Subjektes […], mit dem Schwellenzustand für sich selbst produktiv umzugehen" (ebd.:40).

Exemplarisch zeigt sich hier, dass Emanzipation ein hochkomplexer Prozess ist, der sich auf vielen unterschiedlichen Ebenen ereignet. Er vereint u. a. performative, körperliche, emotionale, reflexive, individuelle und gesellschaftliche Aspekte. Die Emanzipation der ZuschauerInnen in der Performance-Kunst ist weder zwangsläufig an Zuschauerpartizipation geknüpft, noch an eine bestimmte Art von ihr. Sie kann sowohl durch einen Kontext angeregt werden, der zur Selbstbestimmung einlädt als auch durch einen irritierenden oder provozierenden, der Momente von Selbst- und Fremdbestimmung vereint und in dem sich emanzipatorische Akte mitunter eher aus einem Widerstand heraus ereignen.

In jedem Fall können die ZuschauerInnen – in mehr oder weniger ausgeprägtem Maße – Einfluss auf den Verlauf der Performance nehmen, werden aber gleichzeitig auch von ihm mitbestimmt. Diese Gleichzeitigkeit ist besonders intensiv, wenn dynamische Rollenwechsel stattfinden, in denen die Beteiligten permanent zwischen Subjekt- und Objekt-Position hin- und hergleiten bzw. beide gleichzeitig einnehmen (vgl. Fischer-Lichte 2004:301). Alle an einer Performance Teilnehmenden beeinflussen sich gegenseitig, wodurch ein Zustand des Dazwischen und des „Sowohl-als-auch" entsteht, ein „Zustand zwischen Bestimmen und Bestimmtwerden" (ebd.:26):

> „Das Wirken der autopoietischen *feedback*-Schleife negiert die Vorstellung vom autonomen Subjekt. Sie setzt den Künstler wie generell alle Beteiligten vielmehr als ein Subjekt voraus, das immer sowohl andere/s bestimmt als auch sich von anderen/m bestimmen läßt; sie widerspricht der Vorstellung von einem Subjekt, das kraft eigenen freien Willens souverän entscheidet, was es tun und was es lassen will, das sich unabhängig von anderen und von externen 'Handlungsanweisungen' frei entwerfen kann als derjenige, der es sein will. Ebenso heftig opponiert sie allerdings auch gegen die Vorstellung vom total fremdbestimmten Menschen, dem wegen dieser Fremdbestimmung keine Verantwortungen für seine Handlungen aufzubürden ist." (ebd.:287)

Ist die vollkommene Autonomie eines Individuums als Ziel eines emanzipatorischen Prozesses also eine (mitunter gefährliche) Illusion? Da Emanzipation sich nicht in einem neutralen, luftleeren

Raum ereignet, sondern immer in einen gesellschaftlichen Kontext eingebettet ist, müsste sie vielmehr gedacht werden als ein ganzheitliches, dynamisches Bewusstsein über die eigene veränderbare Selbst- und Fremdbestimmung sowie die eigene Bestimmung über andere – verbunden mit der Verantwortung, mit diesem Bewusstsein produktiv umzugehen. Auch der Prozess der Entwicklung eines solchen emanzipierten Bewusstseins kann dabei nicht ohne den gesellschaftlichen, kulturellen und persönlichen Kontext der Individuen und die ihm jeweils impliziten Machtverhältnisse und sich daraus ergebenen (Un-)Möglichkeiten gedacht werden. Somit verweist die Dimension der Verantwortung eines emanzipierten Bewusstseins nicht nur auf die Eigenverantwortung, sondern auch auf eine gesellschaftliche Verantwortung für die Förderung eines solchen Bewusstseins. Daran schließt sich die große Frage an, wie auf gesellschaftlicher Ebene selbstbestimmte Bildungsprozesse initiiert werden können, die eine emanzipatorische Praxis fördern.

7 Resümee und Ausblick

Zusammenfassend lässt sich feststellen, dass Performance Art auf vielen Ebenen emanzipatorische Potenziale besitzt und vielfältige Transformationsprozesse in Gang setzen kann – sowohl bei den PerformerInnen als auch bei den ZuschauerInnen und sowohl auf individueller als auch auf gesellschaftlicher Ebene, denn diese Dimensionen sind untrennbar miteinander verbunden.

Eine besondere Fähigkeit der Performance Art besteht darin, durch Grenzüberschreitungen scheinbare Gegensätze aufzulösen und in ein neues dynamisches Verhältnis zueinander zu setzen. Dies betrifft die Dynamisierung der Relation zwischen Agierenden und Zuschauenden ebenso wie die Verbindung von Rationalität und Sinnlichkeit sowie die Verwischung der Grenze zwischen Kunst und Alltag und alle weiteren damit einhergehenden Grenzauflösungen. Damit sind Performances nicht nur künstlerische, sondern auch reale soziale Ereignisse, die den Blick auf bestehende und sich verändernde Machtverhältnisse lenken und in denen sich alle Beteiligten sowohl als selbst- als auch als fremdbestimmt erfahren. Indem PerformerInnen und ZuschauerInnen gleichzeitig leiblich anwesend sind, haben beide maßgeblichen Einfluss auf den Verlauf der Performance und tragen deshalb eine Mitverantwortung für das, was geschieht. Performances vollziehen sich in einem ergebnisoffenen Prozess, der somit vielfältige emanzipatorische Möglichkeiten, aber auch Risiken bietet. Denn ein wirklicher Emanzipationsprozess zeichnet sich durch diese Unvorhersehbarkeit aus und birgt somit auch eine hohe Ambivalenz. Performances besitzen somit das Potenzial, emanzipatorische Prozesse anzustoßen, sind aber kein Garant dafür.

Indem Performance Art in besonderem Maße Grenzen und Konventionen überschreitet, werden diese oftmals überhaupt erst sichtbar und können dadurch als prinzipiell veränderlich und verhandelbar in den Fokus rücken. Performance-Kunst kann in diesem Sinne dazu beitragen, gesellschaftliche Konventionen nicht als natürlich gegeben anzusehen, sondern ihre Kontingenz zu begreifen: So kann ein individueller und gesellschaftlicher Reflexions- und

Emanzipationsprozess angeregt werden, im Rahmen dessen Individuen gesetzte Grenzen und Konventionen hinterfragen und sich möglicherweise aus diesen befreien. Performance-Kunst ermutigt dazu, eine „Sowohl-als-auch"-Perspektive einzunehmen und dadurch neue Wege und Visionen als möglich zu denken und zu realisieren.

Die performativen Grenzüberschreitungen sind oftmals mit irritierenden ästhetischen Erfahrungen verbunden, die – wie von Lange in der dieser Arbeit zugrunde liegenden These formuliert – vielfältige Denk- und Wahrnehmungsprozesse in Bewegung setzen können. Mit ihrer These bezieht sie sich auf die auf Irritation und Eigensinnigkeiten zielenden ästhetisch-performativen Strukturen von Performance-Kunst. Ihre Rezeption ermöglicht ganzheitliche – aber durchaus sehr ambivalente – Erfahrungen, die gleichzeitig die leiblich-sinnliche, emotionale, kognitive und soziale Dimension ansprechen. An vielfältigen Beispielen konnte gezeigt werden, dass es ebendiese grenzüberschreitenden ästhetischen Strukturen sind, durch die Performance Art ihr spezifisches emanzipatorisches und politisches Potenzial entfalten kann. In Hinblick darauf ist Rancières Auffassung von politischer Kunst wegweisend:

> „Kunst ist weder politisch aufgrund der Botschaften, die sie überbringt, noch aufgrund der Art und Weise, wie sie soziale Strukturen, politische Konflikte oder soziale, ethnische oder sexuelle Identitäten darstellt. Kunst ist in erster Linie dadurch politisch, dass sie ein raum-zeitliches *Sensorium* schafft, durch das bestimmte Weisen des Zusammen- oder Getrenntseins, des Innen- oder Außen-, Gegenüber- oder In-der-Mitte-Seins festgelegt werden. Kunst ist dadurch politisch, dass sie einen bestimmten Raum und eine bestimmte Zeit aufteilt, und dass die Gegenstände, mit denen sie diesen Raum bevölkert, und die Rhythmen, in die sie diese Zeit einteilt, eine spezifische Form der Erfahrung festlegen, die mit anderen Formen der Erfahrung übereinstimmt oder mit ihnen bricht." (Rancière 2008:77)

Es ist die reale Situation der Performance und ihre performative Struktur – ihre Räumlichkeit, Zeitlichkeit, Materialität und Mehrsinnlichkeit – und die daraus entstehenden (widersprüchlichen) Erfahrungen, die sie erst politisch machen – und nicht etwa die Darstellung bestimmter Inhalte oder die Übermittlung spezifischer Bedeutungen. Der Performance-Kunst kommt also ein besonderes politisches und emanzipatorisches Potenzial zu, weil gerade sie sich durch diese spezifische Performativität auszeichnet, mit der sie Wirklichkeit hervorbringen und verändern kann.

Dieses Potenzial zeigt sich aber nicht nur in ihrer Rezeption, sondern vor allem auch in der grenzüberschreitenden Realisation durch die PerformerInnen selbst, die auf vielfältige und selbstermächtigende Art gültige Konventionen unterlaufen und sich verschiedenste Themen und Räume aneignen. Die körperliche Verwirklichung von Performances ermöglicht es, Emanzipation nicht nur zu denken, sondern performativ mit Selbst- und Gesellschaftsentwürfen zu experimentieren.

Daraus ergeben sich auch fruchtbare Möglichkeiten für Performance-Projekte im Kontext kultureller Bildung. Denn gerade kulturpädagogische Arbeit schafft einen Raum für kreative Gruppenprozesse und verfolgt mit Hilfe des Empowerment-Ansatzes das Ziel der Förderung eines ästhetisch-ganzheitlichen Selbstbildungsprozesses, der die persönlichen Interessen und Ressourcen der Teilnehmenden berücksichtigt. Somit können kulturpädagogische Performance-Projekte durch Impulse zur Entwicklung eigener Performances ermutigen, mit Hilfe derer die Teilnehmenden eigene Erfahrungen, Weltvorstellungen und Wünsche in Bezug auf die Gestaltung ihres Lebens und ihrer Umwelt ausdrücken können. Durch die performative Realisation bleiben diese nicht in utopischen Vorstellungen verhaftet, sondern werden hör- und sichtbar – insbesondere dann, wenn sie in der Öffentlichkeit wie dem städtischen Raum stattfinden. Darüber hinaus ermöglicht das Experimentieren mit ungewöhnlichen Bewegungen und eigenen performativen Ausdrucksweisen eine intensive leibliche Erfahrung, durch die sich Menschen von körperlichen Konventionen emanzipieren und ihren Körper auf selbstbestimmte Weise erleben und einsetzen können. Die Realisation eigener Performances ist nicht an spezifische künstlerische Talente geknüpft, sondern offen für die Ideen und Fähigkeiten jeder und jedes einzelnen und bietet nicht zuletzt deshalb ein großes Potenzial für Menschen jeglichen Alters, Geschlechts und kulturellen Hintergrundes. In diesem Kontext wäre auch zu untersuchen, ob aufgrund unserer gesellschaftlichen Situation stark verbreitete Gefühle von Orientierungslosigkeit, Ohnmacht, Unsicherheit, Angst und Wut mittels des Entwickelns eigener Performances umgewandelt und schöpferisch wirksam werden können, sodass sich Menschen (wieder) als selbstwirksam und bedeutungsmächtig erfahren.

8 Danksagung

Ein intensiver Prozess neigt sich nun seinem (vorläufigen) Ende zu. An dieser Stelle möchte ich mich bei denjenigen bedanken, die mich während dieser spannenden, aber auch anstrengenden Zeit in besonderer Weise unterstützt haben: Anna danke ich dafür, dass sie mich ermutigt hat, meiner Intuition zu vertrauen und die Entstehung dieser Arbeit ebenso wie eine Performance als Prozess zu begreifen. Großer Dank gilt meinen Eltern fürs Korrekturlesen, für weiterführende Gedanken und die vielfältige Unterstützung darüber hinaus. Ganz besonders möchte ich Anke danken für ihr leidenschaftliches Interesse an meinem Thema und meinem Schreibprozess, ihre konstruktiven Anregungen und ihren inspirierenden Blick für vielfältige Verbindungslinien auch über die Arbeit hinaus.

9 Bibliografie

Abramović, Marina (2016): Durch Mauern gehen. Mit James Kaplan, Deutsch von Charlotte Breuer und Norbert Möllemann, 3. Aufl., München: Luchterhand Literaturverlag

Albrecht, Clemens; Gebhardt, Winfried; Geulen, Christian; Liebert, Wolf-Andreas (2012): www.autonomies.de (13.05.2017)

Benkel, Thorsten (2015): Gesten sichtbarer Entgrenzung. Körper und Schmerzen in der Performance-Kunst. In: Danko, Dagmar; Moeschler, Olivier; Schumacher, Florian (Hg.): *Kunst und Öffentlichkeit.* Wiesbaden: Springer VS, S. 57-82

Bilstein, Johannes (2015): Sich selber machen: Bildung. In: Liebert, Wolf-Andreas; Westphal, Kristin (Hg.): *Performances der Selbstermächtigung.* Oberhausen: ATHENA-Verlag, S. 33-54

Bogerts, Teresa (2015): Stimmen. Ausschnitte aus einer Talk-Art mit dem Performancekollektiv LIGNA. In: Liebert, Wolf-Andreas; Westphal, Kristin (Hg.): *Performances der Selbstermächtigung.* Oberhausen: ATHENA-Verlag, S. 103-109

Brandstätter, Ursula (2012): Ästhetische Erfahrung. In: Bockhorst, Hildegard; Reinwand, Vanessa-Isabelle; Zacharias, Wolfgang (Hg.): *Handbuch Kulturelle Bildung.* München: kopaed, S. 174-180

Brunner, Markus (2008): „Körper im Schmerz" – Zur Körperpolitik der Performancekunst von Stelarc und Valie Export. Unter: http://www.agpolpsy.de/wp-content/uploads/2013/02/2008-korper-im-schmerz-stelarc-und-export-buchfassung.pdf (21.05.2017)

Dinkla, Söke (1997): Vom Zuschauer zum Spieler. Utopie, Skepsis, Kritik und eine neue Poetik in der Interaktiven Kunst. In: Brüninghaus-Knubel, Cornelia; Dinkla, Söke (Hg.) (1997): *Interact! Schlüsselwerke interaktiver Kunst. Ausstellung und Workshops, Wilhelm-Lehmbruck-Museum Duisburg, 27. April bis 15. Juni 1997.* Ostfildern: Hatje Cantz Verlag, S. 8-21

Dreher, Thomas (2001): *Performance Art nach 1945. Aktionstheater und Intermedia.* München: Wilhelm Fink Verlag

Eco, Umberto (1973): *Das offene Kunstwerk.* Frankfurt a. M.: Suhrkamp.

Fischer-Lichte, Erika (1998): Auf dem Wege zu einer performativen Kultur. In: Fischer-Lichte, Erika; Kolesch, Doris (Hg.): *Paragrana. Internationale Zeitschrift für Historische Anthropologie,* Bd. 7, Heft 1. Berlin: Akademie Verlag, S. 13-29

Fischer-Lichte, Erika (2003): Ritualität und Grenze. In: Fischer-Lichte, Erika; Horn, Christian; Umathum, Sandra; Warstat, Matthias (Hg.): *Ritualität und Grenze.* Tübingen und Basel: A. Francke Verlag, S.11-30

Fischer-Lichte, Erika (2004): *Ästhetik des Performativen.* Frankfurt a. M.: Suhrkamp

Fischer-Lichte, Erika (2006): Der Zuschauer als Akteur. In: Fischer-Lichte, Erika; Sollich, Robert; Umathum, Sandra; Warstat, Matthias (Hg.): *Auf der Schwelle. Kunst, Risiken und Nebenwirkungen.* München: Wilhelm Fink Verlag, S. 21-41

Fischer-Lichte, Erika (2010a): *Theaterwissenschaft. Eine Einführung in die Grundlagen des Faches.* Tübingen und Basel: A. Francke Verlag

Fischer-Lichte, Erika (2010b): Einleitung. In: Fischer-Lichte, Erika; Hasselmann, Kristiane; Rautzenberg, Markus (Hg.): *Ausweitung der Kunstzone. Interart Studies – Neue Perspektiven der Kunstwissenschaften.* Bielefeld: transcript Verlag, S. 7-29

Fischer-Lichte, Erika (2010c): Politiken der Raumaneignung. In: Fischer-Lichte, Erika; Wihstutz, Benjamin (Hg.): *Politik des Raumes. Theater und Topologie.* München: Wilhelm Fink Verlag, S. 133-150

Fischer-Lichte, Erika (2012): Die verwandelnde Kraft der Aufführung. In: Fischer-Lichte, Erika; Czirak, Adam; Jost, Torsten; Richarz, Frank; Tecklenburg, Nina (Hg.): *Die Aufführung. Diskurs – Macht – Analyse.* München: Wilhelm Fink Verlag, S. 11-23

Fischer-Lichte, Erika (2014): Interart. In: Fischer-Lichte, Erika; Kolesch, Doris; Warstat, Matthias (Hg.): *Metzler Lexikon Theatertheorie.* 2. Aufl., Stuttgart und Weimar: Verlag J. B. Metzler, S. 162-167

Fischer-Lichte, Erika; Sollich, Robert; Umathum, Sandra; Warstat, Matthias (2006): Einleitung. In: Dies (Hg.): *Auf der Schwelle. Kunst, Risiken und Nebenwirkungen.* München: Wilhelm Fink Verlag, S. 7-9

Focke, Ann-Christin (2011): *Unterwerfung und Widerstreit. Strukturen einer neuen politischen Theaterästhetik.* München: Herbert Utz Verlag

Frimmel, Sandra (2015): *Kunsturteile. Gerichtsprozesse gegen Kunst, Künstler und Kuratoren in Russland nach der Perestroika.* Wien, Köln, Weimar: Böhlau Verlag

Gabowitsch, Mischa (2013): Putin kaputt!? Russlands neue Protestkultur. Berlin: Suhrkamp

Haas, Birgit (2005): Einleitung. Symbolische Politik und mündiges Individuum. In: Dies. (Hg.): *Macht. Performativität, Performanz und Polittheater seit 1990.* Würzburg: Königshausen & Neumann, S. 7-15

Hempfer, Klaus W. (2011): *Performance*, Performanz, Performativität. Einige Unterscheidungen zur Ausdifferenzierung eines Theoriefeldes. In: Dies. (Hg.): *Theorien des Performativen. Sprache – Wissen – Praxis. Eine kritische Bestandsaufnahme.* Bielefeld: transcript Verlag, S. 13-41

Hempfer, Klaus W.; Volbers, Jörg (2011): Vorwort. In: Dies. (Hg.): *Theorien des Performativen. Sprache – Wissen – Praxis. Eine kritische Bestandsaufnahme.* Bielefeld: transcript Verlag, S. 7-12

Hoff, Jan (2016): *Befreiung heute. Emanzipationstheoretisches Denken und historische Hintergründe.* Hamburg: VSA Verlag

Hruschka, Ole; Post, Doris; Wartemann, Geesche (2011): Editorial. In: Bundeszentrale für politische Bildung (Hg.): *Theater probieren. Politik entdecken.* Bonn: Bundeszentrale für Politische Bildung (Themen und Materialien), S. 9 -11

Hufer, Klaus-Peter (2010): Emanzipation: Gesellschaftliche Veränderung durch Erziehung und politische Bildung – ein Rückblick auf eine nach wie vor aktuelle Leitidee. In: Lösch, Bettina; Thimmel, Andreas (Hg.): *Kritische politische Bildung. Ein Handbuch.* Schwalbach a. Taunus: Wochenschau Verlag, S. 13-24

Humboldt, Wilhelm v. (1960[1793/94]): Theorie der Bildung des Menschen. In: Ders.: *Werke in Fünf Bänden. Schriften zur Anthropologie und Geschichte.* Bd. 1., Darmstadt: Wissenschaftliche Buchgesellschaft, S. 234-240

Jappe, Elisabeth (1993): *Performance. Ritual. Prozeß. Handbuch der Aktionskunst in Europa.* München: Prestel-Verlag

Kant, Immanuel (2004 [1783]): Was ist Aufklärung? In: *UTOPIE kreativ,* Heft 159, S. 5-10

Kastner, Jens; Sonderegger, Ruth (2014): Emanzipation von ihren Extremen her denken. Ein einleitendes Plädoyer für Bourdieu und / mit Rancière. In: Dies. (Hg.): *Pierre Bourdieu und Jacques Rancière. Emanzipatorische Praxis denken.* Wien: Verlag Turia + Kant, S. 7-30

Klein, Armin (2011): Grundlagen des Kulturmarketing. In: Ders. (Hg.): *Kompendium Kulturmarketing. Handbuch für Studium und Praxis.* München: Vahlen, S. 7-22

Klein, Gabriele (2014): Choreografien des Protests im urbanen Raum. In: Schutz, Heinz (Hg.): *Urban Performance II. Diskurs: Performance. Theater. Tanz. Protest. Prank. Web.* Kunstforum International, Bd. 221, S. 146-157

Klein, Gabriele; Sting, Wolfgang (2005): Performance als soziale und ästhetische Praxis. Zur Einführung. In: Dies. (Hg.): *Performance. Positionen zur zeitgenössischen szenischen Kunst.* Bielefeld: transcript Verlag, S. 7-23

Kolesch, Doris (2014): Intermedialität. In: Fischer-Lichte, Erika; Kolesch, Doris; Warstat, Matthias (Hg.): *Metzler Lexikon Theatertheorie.* 2. Aufl., Stuttgart und Weimar: Verlag J. B. Metzler, S. 170-172

König, Ekkehard (2011): Bausteine einer allgemeinen Theorie des Performativen aus linguistischer Perspektive. In: Hempfer, Klaus W.; Volbers, Jörg (Hg.): *Theorien des Performativen. Sprache – Wissen – Praxis. Eine kritische Bestandsaufnahme.* Bielefeld: transcript Verlag, S. 43-67

Laclau, Ernesto (2002): *Emanzipation und Differenz.* Aus dem Englischen von Oliver Marchart. Wien: Verlag Turia + Kant

Lange, Marie-Luise (2002): *Grenzüberschreitungen. Wege zur Performance. Körper – Handlung – Intermedialität im Kontext ästhetischer Bildung.* Königstein i. Taunus: Ulrike Helmer Verlag

Lange, Marie-Luise (2015): Dramaturgien der Störung – Performances der Selbstermächtigung. In: Liebert, Wolf-Andreas; Westphal, Kristin (Hg.): *Performances der Selbstermächtigung.* Oberhausen: ATHENA-Verlag, S. 119-135

Langels, Otto (2015): ARTE-Dokumentation. Die Zukunft unserer Städte. Unter: http://www.deutschlandfunk.de/arte-dokumentation-die-zukunft-unserer-staedte.807.de.html?dram:article_id=329893 (23.06.2017)

Liebert, Wolf-Andreas (2015): Flüchtige Autonomien. Selbstermächtigung in postmodernen Performances. In: Liebert, Wolf-Andreas; Westphal, Kristin (Hg.): *Performances der Selbstermächtigung.* Oberhausen: ATHENA-Verlag, S. 15-31

Liebert, Wolf-Andreas; Moskopp, Werner (2014): Einleitung. In: Dies. (Hg.): *Die Selbstermächtigung der Einzigen. Texte zur Aktualität Max Stirners.* Berlin und Münster: LIT Verlag, S. 7-30

Liebert, Wolf-Andreas; Westphal, Kristin (2015): Performances der Selbstermächtigung. Einleitung. In: Dies. (Hg.): *Performances der Selbstermächtigung.* Oberhausen: ATHENA-Verlag, S. 7-13

Lowinski, Felicitas (2007): *Bewegung im Dazwischen. Ein körperorientierter Ansatz für kulturpädagogische Projekte mit benachteiligten Jugendlichen.* Bielefeld: transcript Verlag

Lowinski, Felicitas (2014): Über die Kunst der Vermittlung von Performance Art. In: Bardmann, Theodor M.; Lowinski, Felicitas; Studierende (Hg.): *Wendungen in Raum und Zeit. Zur Praxis kultureller Projektarbeit.* Wegberg: Roka Verlag Kaisers, S.52-63

Matzke, Annemarie (2011): Die Stadt als Bühne – ein Baustein zu Theater im öffentlichen Raum. In: Bundeszentrale für politische Bildung (Hg.): *Theater probieren. Politik entdecken.* Bonn: Bundeszentrale für Politische Bildung (Themen und Materialien), S. 187-202

Ministerium für Schule und Weiterbildung des Landes Nordrhein-Westfalen (Hg.) (2007): *Kernlehrplan für das Gymnasium – Sekundarstufe I (G8) in Nordrhein-Westfalen. Geschichte.* Frechen: Ritterbach Verlag, Heft 3407 (G8) Unter: https://www.schulentwicklung.nrw.de/lehrplaene/upload/lehrplaene_download/gymnasium_g8/gym8_geschichte.pdf (24.05.2017)

Mittelstädt, Eckhard (2012): Formen und Formate Freier Darstellender Künste. In: Bockhorst, Hildegard; Reinwand, Vanessa-Isabelle; Zacharias, Wolfgang (Hg.): *Handbuch Kulturelle Bildung.* München: kopaed, S. 641-646

MoRUS (2015): Museum of Reclaimed Urban Space. Unter: www.morusnyc.org (27.05.2017)

Mörtenböck, Peter; Mooshammer, Helge (2014): Performance des Protests. In: Schütz, Heinz (Hg.): *Urban Performance II. Diskurs: Performance. Theater. Tanz. Protest. Prank. Web.* Kunstforum International. Bd. 224, S. 122-135

Nahrstedt, Wolfgang (2004): Interesse wecken – Kompetenz entwickeln: Lernen in Erlebniswelten. In: Commandeur, Beatrix; Dennert, Dorothee (Hg.): *Event zieht – Inhalt bindet. Besucherorientierung auf neuen Wegen.* Bielefeld: transcript Verlag, S. 29-37

O. V. (2012): Pussy Riot-Punk Prayer.mp4. Unter: https://www.youtube.com/watch?v=ALS92big4TY (29.06.2017)

O. V. (2017): Tehching Hsieh. Unter: https://de.wikipedia.org/wiki/Tehching_Hsieh (19.6.2017)

Piontek, Anja (2012): Partizipation in Museum und Ausstellung. Versuch einer Präzisierung. In: Gesser, Susanne; Handschin, Martin; Jannelli, Angela; Lichtensteiger, Sibylle (Hg.): *Das partizipative Museum. Zwischen Teilhabe und User Generated Content. Neue Anforderungen an kulturhistorische Ausstellungen.* Bielefeld: transcript Verlag, S. 221-230

Primavesi, Patrick (2015): Emanzipation im Theater? In: Liebert, Wolf-Andreas; Westphal, Kristin (Hg.): *Performances der Selbstermächtigung.* Oberhausen: ATHENA-Verlag, S. 55-90

Purtschert, Patricia (2008): Nicht so regiert werden wollen: Zum Verhältnis von Wut und Kritik. Unter:http://eipcp.net/transversal/0808/purtschert/de/#_ftnref19 (02.06.2017)

Pussy Riot (2012): Pussy Riot: Kunst oder Politik? In: Edition Nautilius (Hg.): *Pussy Riot! Ein Punkgebet für Freiheit.* Aus dem Englischen von Barbara Häusler. Hamburg: Verlag Lutz Schulenburg, S. 17-19

Rajewsky, Irina O. (2010): Medienbegriffe – reine diskursive Strategien? Thesen zum 'relativen Konstruktcharakter' medialer Grenzziehungen. In: Fischer-Lichte, Erika; Hasselmann, Kristiane; Rautzenberg; Markus (Hg.): *Ausweitung der Kunstzone. Interart Studies – Neue Perspektiven der Kunstwissenschaften.* Bielefeld: transcript Verlag, S. 33-47

Rancière, Jacques (2008): *Die Aufteilung des Sinnlichen. Die Politik der Kunst und ihre Paradoxien.* Aus dem Französischen von Maria Muhle, Susanne Leeb und Jürgen Link. 2. Aufl., Berlin: b_books

Rancière, Jacques (2015): *Der emanzipierte Zuschauer.* Aus dem Französischen von Richard Steurer-Boulard. 2. Aufl., Wien: Passagen Verlag

Reichelt, Sabine (2013): Interview mit VALIE EXPORT. In: Aviva Berlin. Online-Magazin für Frauen. Unter: http://www.aviva-berlin.de/aviva/content_Interviews.php?id=141838 (21.06.2017)

Ruf, Oliver (2012): *Zur Ästhetik der Provokation. Kritik und Literatur nach Hugo Ball.* Bielefeld: transcript Verlag

Schiller, Friedrich 2000[1795]: *Über die ästhetische Erziehung des Menschen in einer Reihe von Briefen.* Stuttgart: Reclam

Schipper, Imanuel (Hg.) (2012): *Ästhetik versus Authentizität? Reflexionen über die Darstellung von und mit Behinderung.* Berlin: Verlag Theater der Zeit

Schuhmann, Maurice (2014): Stirners Konzept von „Selbstermächtigung". Von der Überwindung der Entfremdung, über die Freiheit hin zur Eigenheit. In: Liebert, Wolf-Andreas; Moskopp, Werner (Hg.): *Die Selbstermächtigung der Einzigen. Texte zur Aktualität Max Stirners.* Berlin und Münster: LIT Verlag, S. 67-79

Schuster, Meike (Hg.) (2013): *Stadt(t)räume – Ästhetisches Lernen im öffentlichen Raum. Situativ, temporär, performativ, partizipativ.* München: kopaed

Schütz, Heinz (2014a): Die Stadt als Aktionsraum. Urban Performances als singulärer Auftritt und kollektives Ereignis. In: Ders. (Hg.): *Urban Performance II. Diskurs: Performance. Theater. Tanz. Protest. Prank. Web.* Kunstforum International, Bd. 224, S. 44-81

Schütz, Heinz (2014b): Editorial. In: Ders. (Hg.): *Urban Performance II. Diskurs: Performance. Theater. Tanz. Protest. Prank. Web.* Kunstforum International, Bd. 224, S. 42-43

Sting, Wolfgang; Thielicke, Virginia (2012): Kunst nervt. Warum Irritationen im Kunsterleben produktiv sind. In: Bundesvereinigung Kulturelle Kinder- und Jugendbildung e. V. (Hg.): *Kulturelle Bildung. Reflexionen. Argumente. Impulse. Wie gelingt ästhetisches Lernen?* 6. Jg., Heft 10-2012

Thuswald, Marion (2012): Urbanes Lernen – Kulturelle Bildung in städtischen öffentlichen Räumen. In: Bockhorst, Hildegard; Reinwand, Vanessa-Isabelle; Zacharias, Wolfgang (Hg.): *Handbuch Kulturelle Bildung.* München: kopaed, S. 703-707

Tolokonnikowa, Nadja (2012a): Eingangserklärung vor Gericht von Nadja. In: Edition Nautilius (Hg.): *Pussy Riot! Ein Punkgebet für Freiheit.* Aus dem Englischen von Barbara Häusler. Hamburg: Verlag Lutz Schulenburg, S. 46-53

Tolokonnikowa, Nadja (2012b): Schlusserklärung von Nadja. In: Edition Nautilius (Hg.): *Pussy Riot! Ein Punkgebet für Freiheit.* Aus dem Englischen von Barbara Häusler. Hamburg: Verlag Lutz Schulenburg, S. 105-119

Tolokonnikowa, Nadja (2016): *Anleitung für eine Revolution.* Aus dem Russischen von Friederike Meltendorf und Jennie Seitz. München: Hanser Berlin

Umathum, Sandra (2006): Einleitung. In: Fischer-Lichte, Erika; Sollich, Robert; Umathum, Sandra; Warstat, Matthias (Hg.): *Auf der Schwelle. Kunst, Risiken und Nebenwirkungen.* München: Wilhelm Fink Verlag, S. 13-20

VoinaArhiv (2011): Группа Война зацеловывает ментов. Unter: https://www.youtube.com/watch?v=I0A8Qf893cs (20.06.2017)

Waldenfels, Bernhard (2010): *Sinne und Künste im Wechselspiel. Modi ästhetischer Erfahrung.* Berlin: Suhrkamp

Warstat, Matthias (2006): Einleitung. In: Fischer-Lichte, Erika; Sollich, Robert; Umathum, Sandra; Warstat, Matthias (Hg.): *Auf der Schwelle. Kunst, Risiken und Nebenwirkungen.* München: Wilhelm Fink Verlag, S. 97-105

Warstat, Matthias (2015): Theater als Praxis der Verunsicherung. Die riskante Seite der Avantgarde und ihre Programmatik. In: Wulf, Christoph (Hg.): *Paragrana. Internationale Zeitschrift für Historische Anthropologie,* Bd. 24, Heft 1. Berlin: De Gruyter Verlag, S. 189-200

Wartemann, Geesche (2011): Die Kunst des Zuschauens – ein Baustein zum Wechselspiel zwischen Bühne und Publikum. In: Bundeszentrale für politische Bildung (Hg.): *Theater probieren. Politik entdecken.* Bonn: Bundeszentrale für Politische Bildung (Themen und Materialien), S. 203-232

Weltzien, Friedrich (2015): Punk und Kunst-Politik. Pussy Riot in der Geschichte feministischer Performance-Kunst. In: Liebert, Wolf-Andreas; Westphal, Kristin (Hg.): *Performances der Selbstermächtigung.* Oberhausen: ATHENA-Verlag, S. 137-149

Westphal, Kristin (2015): Theater als Ort der Selbstermächtigung. Am Beispiel von Gob Squad: Before Your Very Eyes. In: Liebert, Wolf-Andreas; Westphal, Kristin (Hg.): *Performances der Selbstermächtigung.* Oberhausen: ATHENA-Verlag, S. 163-183

Wiegmink, Pia (2014): Alles nur Theater? Über das Verhältnis von Protest und Performance. In: Schütz, Heinz (Hg.): *Urban Performance II. Diskurs: Performance. Theater. Tanz. Protest. Prank. Web.* Kunstforum International, Bd. 224, S. 110-121

Wihstutz, Benjamin (2010a): Einleitung. In: Fischer-Lichte, Erika; Wihstutz, Benjamin (Hg.): *Politik des Raumes. Theater und Topologie.* München: Wilhelm Fink Verlag, S. 7-13

Wihstutz, Benjamin (2010b): Anderer Raum oder Raum der Anderen? Überlegungen zum politischen Gegenwartstheater. In: Fischer-Lichte, Erika; Wihstutz, Benjamin (Hg.): *Politik des Raumes. Theater und Topologie.* München: Wilhelm Fink Verlag, S. 59-73

Wilhelm, Christine (2014): Valie Export. Genitalpanik 1969. Unter: http://www.vaginamuseum.at/KUNSTundKULTUR/index.php/id-70-genitalpanik-export.html (21.06.2017)

Willems, Joachim (2013): *Pussy Riots Punk-Gebet. Religion, Recht und Politik in Russland.* Berlin: University Press

Wulf, Christoph; Göhlich, Michael; Zirfas, Jörg (2001): Sprache, Macht und Handeln - Aspekte des Performativen. In: Dies. (Hg.): *Grundlagen des Performativen. Eine Einführung in die Zusammenhänge von Sprache, Macht und Handeln.* Weinheim und München: Juventa Verlag, S. 9-24

Wulf, Christoph; Zirfas, Jörg (2007): Performative Pädagogik und performative Bildungstheorien. Ein neuer Fokus erziehungswissenschaftlicher Forschung. In: Dies. (Hg.): *Pädagogik des Performativen. Theorien, Methoden, Perspektiven.* Weinheim und Basel: Beltz Verlag, S. 7-40

Wulff, Hans J. (1998): Störmanöver. In: Fischer-Lichte, Erika; Kolesch, Doris (Hg.): Paragrana. Internationale Zeitschrift für Historische Anthropologie, Bd. 7, Heft 1. Berlin: Akademie Verlag, S. 215-220

***ibidem*.eu**